春风细雨
此时花开

中央戏剧学院"高参小"项目
师资培训计划教师成果集

徐永胜 ◎ 主编
蒋 瑛 姬 沛 李 响 ◎ 副主编

中国戏剧出版社
CHINA THEATRE PRESS

图书在版编目（CIP）数据

春风细雨　此时花开：中央戏剧学院"高参小"项目师资培训计划教师成果集 / 徐永胜主编. -- 北京：中国戏剧出版社，2020.7
ISBN 978-7-104-04958-6

Ⅰ. ①春… Ⅱ. ①徐… Ⅲ. ①戏剧教育－教学研究－小学 Ⅳ. ①G623.712

中国版本图书馆CIP数据核字(2020)第105396号

春风细雨　此时花开：
中央戏剧学院"高参小"项目师资培训计划教师成果集

责任编辑：肖　楠
项目统筹：李　静
责任印制：冯志强

出版发行：	中国戏剧出版社
出 版 人：	樊国宾
社　　址：	北京市西城区天宁寺前街2号国家音乐产业基地L座
邮　　编：	100055
网　　址：	www.theatrebook.cn
电　　话：	010-63385980（总编室）
传　　真：	010-63383910（发行部）

读者服务：010-63381560
邮购地址：北京市西城区天宁寺前街2号国家音乐产业基地L座

印　　刷：	鑫海达（天津）印务有限公司
开　　本：	787mm×1092mm　1/16
印　　张：	14.25
字　　数：	190千字
版　　次：	2020年7月　北京第1版第1次印刷
书　　号：	ISBN 978-7-104-04958-6
定　　价：	78.00元

版权专有，违者必究；如有质量问题，请与出版社联系调换。

中央戏剧学院"高参小"项目师资培训计划
教师成果集

主　编：徐永胜
副主编：蒋　瑛　姬　沛　李　响

2017年暑期集训绘本改编课汇报演出后合影

2018年暑期集训后合影

2017年老师们的第一节培训课

老师们进行形体训练

老师们为演出在练习声音基本功

老师们在讨论戏剧作业

老师们在表演节目

老师们亲手制作的纸偶戏剧演出

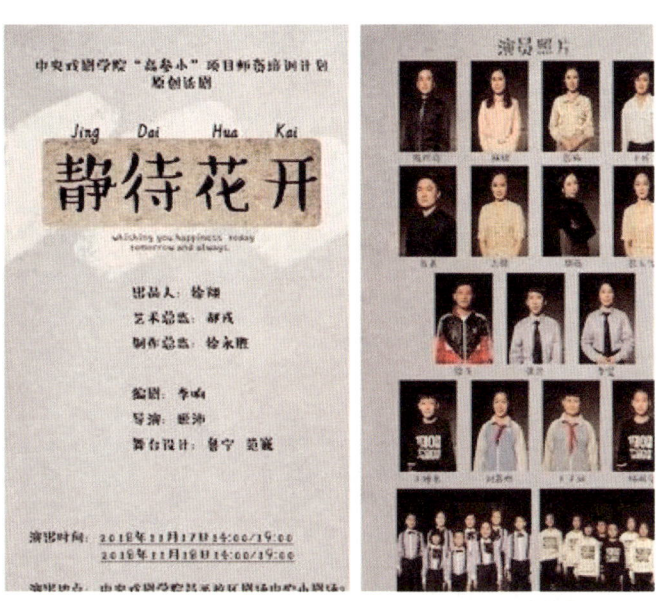

《静待花开》宣传品

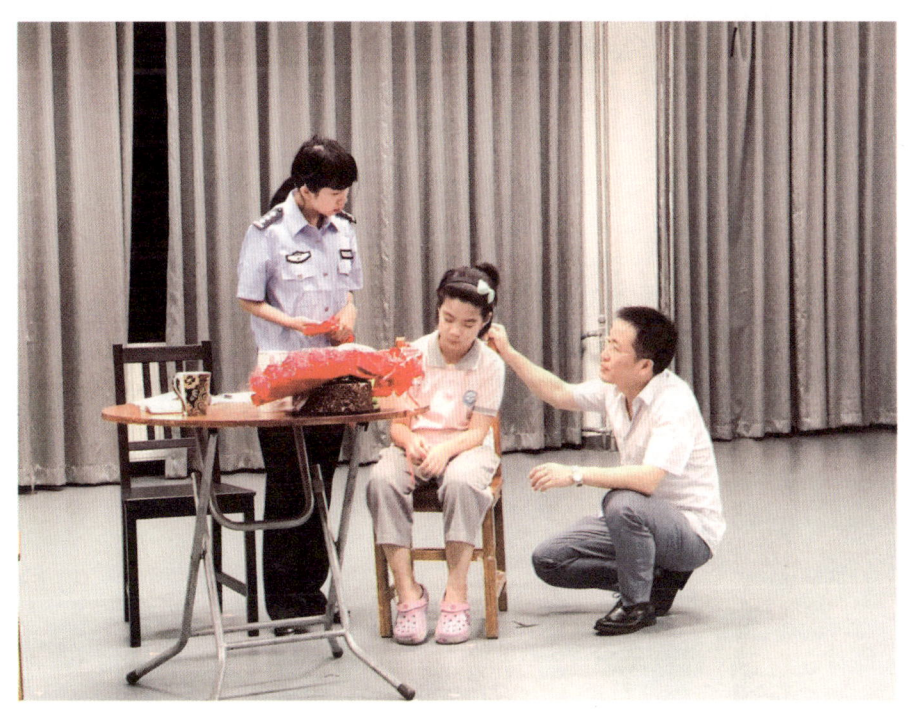

老师们和小演员在对戏

老师们在布置排练现场

老师们在分析剧本

老师演员们在聆听导演解析

《静待花开》排练时

老师演员和学生演员

参加演出的小演员们

《静待花开》 剧照

《静待花开》 剧照

《静待花开》 剧照

《静待花开》剧照

参与演出的小学合唱团学生

参与演出的小学花式篮球队学生

引 言

郝 戎

中央戏剧学院院长

2014年，为增进义务教育均衡，加强高校对义务教育阶段小学美育工作的支持和帮扶，中央戏剧学院积极响应和贯彻落实、北京市教委《北京高校、社会力量参与小学体育美育发展工作的通知》文件精神，与东城区地坛小学、东交民巷小学、分司厅小学、回民实验小学，昌平区平西府中心小学、天通苑小学、天通苑学校七所小学正式牵手，共同签订"北京高校参与小学体育美育发展工作"（简称"高参小"）的协议，开启了为期六年的合作协同。同年9月27日，大家齐聚中央戏剧学院昌平校区，举行了"中央戏剧学院戏剧教育教学示范基地"的授牌仪式，7所小学也自此成为中央戏剧学院戏剧教育教学的示范实践基地。

中央戏剧学院80年来沿革的教育历史，始终贯彻中华民族的美学传统且博采众长，始终秉承"求真、创造、至美"以教诲莘莘学子，始终致力于为国家乃至世界培养戏剧影视艺术的精英人才，为国家戏剧影视事业的繁荣和戏剧教育事业的发展做出了卓越的贡献。当代，科学技术的飞跃式发展，教育环境更新的挑战，则更需要我们培养出高素质的复合型人才。当我们站在教育发展战略规划的蓝图前，戏剧艺术的普及自然能够成为一种无形的推动力，中央戏剧学院的优质资源和平台，自然能够助力前进。2014年9月，中央戏剧学院第一批戏剧教育专业的学生入学。2016年，学院成立了戏剧教育系；同年10月，召开了第一届全国中小学戏剧教育研讨会。这样紧锣密鼓的节奏，让我们在学科建设、教学实践双轨中展开"高参小"项目，按照戏剧教育课程建设、学生社团建设、教材建设与教学研究、小学校园文化建设、师资培训等五大任务，分步骤、分阶段进行工作部署，创新育人协同模式，打造校园文化软实力。

六年时间如白驹过隙，"高参小"项目的实施和推进，已经成为中央戏剧学院师生服务社会，进行教学实习的一个有益途径。我们也寄希望于通过这样的协同合作，能够真正引导和帮助中小学生的素养发展，激发他们的创造力，培养他们独立思考的能力、换位思考的能力以及感知世界的能力；进而引导他们更好地理解生命的价值，树立正确的世界观、人生观、价值观，帮助他们成为祖国需要的人才。

我们也深知，学生的一点点进步，离不开老师们的谆谆教导。为了保证戏剧教育普及工作的可持续性发展，2015年同步启动了小学戏剧师资培训计划——"静待花开"计划。我们开展了"小学戏剧教师师资培训课程"，通过理论鉴赏讲座、演出观摩、见习实践、集中培训、剧本创作、剧目排演等形式，以此提升小学教师在戏剧理论与实践层面的认知，进而掌握相关创编、排演的技能。来自戏剧教育不可取代的特点，也就是这种艺术教育形式不仅仅使小学老师们学会和初步了解一门艺术技能，更重要的是以独有的"体验式学习"的方式，引导他们从"自我出发，回到自我"，学习戏剧教育的理念，参与实际课程的建设，让小学教师不仅成为戏剧教育课程的执行者，也成为戏剧教育的研究者和戏剧教育课程的建设者。

中央戏剧学院始终相信"授人以鱼，不如授之以渔"，充分整合、利用高校教育资源和平台，大力支持小学美育的工作，努力增进义务教育，达到均衡发展。

为期六年的"高参小"项目接近收官。但是，新的历史发展时期在我们面前展开，挑战和机遇都令人奋进。本论文的收集体现了小学参训老师伴随培训计划的实施，在戏剧教学课程教案、戏剧教育教学过程的思考、创作排演原创话剧《静待花开》的体验、戏剧观摩创作的研习等等方面的心得收获，像是一次经历过"蹒跚学步"……然后，积跬步，所以至千里，迅速成长的过程，真可谓"春风细雨，此时花开"！

戏剧教育作为美育工作的重要组成部分，在青少年成长过程中有着不可替代的作用。作为戏剧教育者，我们始终致力于立德树人，扎根时代生活，遵循美育特点和学生成长规律，提升中央戏剧学院美育工作质量和服务社会的能力。展望未来，中央戏剧学院将继续砥砺前行，依托我院美育研究与传播中心，利用戏剧教育资源和教学平台，积极参与中小学戏剧美育教育工作，用戏剧之美浸润青少年的精神和品格，培养他们认识美、体验美、感受美、欣赏美和创造美的能力；弘扬中华美育精神，促进青少年全面发展和身心健康成长，持续发挥戏剧美育的社会功能。

2020 年 5 月

目 录

引 言 ·································· 郝 戎 / 1

一 戏剧教学课程

戏剧故事《爱嘲笑别人的猴子》教学方案·················· 胡 薇 / 003

戏剧故事《躲在草丛里的星星》教学方案·················· 吉 喆 / 007

戏剧故事《在牛肚子里旅行》教学方案···················· 张 玉 / 011

戏剧故事《小伙伴出行记》教学方案······················ 韩 旭 / 018

戏剧故事《对不起，没关系》教学方案···················· 王月娥 / 023

戏剧故事《石头王国奇遇记》教学方案···················· 于 昕 / 028

戏剧故事《小猪变大象》教学方案························ 刘 畅 / 033

戏剧故事《入木三分》教学方案·························· 陈代亮 / 038

戏剧故事《雨》教学方案································ 林 熠 / 042

戏剧故事《两个小侦察员》教学方案······················ 徐 戈 / 046

戏剧故事《神秘的礼物》教学方案························ 柴 鹤 / 050

戏剧故事《狼来了》教学方案···························· 李 雯 / 054

戏剧故事《我叫彭铁男》教学方案························ 彭 楠 / 058

戏剧故事《狼来了》教学方案
　　——以训练学生的创造力和语言表达能力为基础 …………… 彭玉雪 / 063
戏剧教育教学方案
　　——以培养学生相互团结为目标 …………………………… 林　熠 / 068
戏剧教育教学方案
　　——以训练学生的注意力为目标 …………………………… 肖　飞 / 072

二　戏剧教育思考

小学戏剧教育在学生心理建设方面的作用与实践 …………… 韩　旭 / 079
戏剧教育课程的开发与应用 …………………………………… 彭　楠 / 087
戏剧教育与小学相关学科协同发展的实践研究 ……………… 徐　戈 / 097
戏剧教育与教育戏剧在小学德育美育工作中的应用 ………… 张洪姐 / 104
在话剧《静待花开》中体会剧场教育模式 …………………… 柴　鹤 / 113
城乡结合部学校美育工作实践探究
　　——以天通苑学校为例 ……………………………………… 王月娥 / 119
校园戏剧教育作用的现状初探 ………………………………… 陈代亮 / 127
让孩子们的学习"活"起来 …………………………………… 吉　喆 / 133
浅谈戏剧教育中的绘本改编 …………………………………… 林　熠 / 138
初探戏剧课堂形体训练的意义 ………………………………… 陈代亮 / 143

三　戏剧排演体验

《静待花开》排演感悟
　　——我们潜心学习感恩收获 ………………………………… 于　昕 / 151
《静待花开》排演感悟
　　——我们经历一场不平凡的"旅行" ……………………… 陈代亮 / 153

《静待花开》排演感悟

　　——我们体验一次"浸润式"的美育教育 ……………… 李　雯 / 155

《静待花开》排演感悟

　　——我们领悟到戏剧教育的魅力 ……………………… 杨　柳 / 157

《静待花开》排演感悟

　　——我们收获一份"新技能" …………………………… 吉　喆 / 159

《静待花开》排演感悟

　　——我们在"戏"中把人情味儿传播出去 …………… 徐　戈 / 161

《静待花开》排演感悟

　　——我们在戏剧中成长 ………………………………… 柴　鹤 / 163

《静待花开》排演感悟

　　——我们发掘了最好的自己 …………………………… 彭玉雪 / 165

《静待花开》排演感悟

　　——我们既是教师，亦是演员 ………………………… 靳嘉敏 / 167

四　戏剧创作拾贝

《玉之旅》（短剧）………………………………… 任　雁　徐　戈 / 173

《彩色的翅膀》（课本剧）………………………… 张　玉　韩　旭 / 179

《雪地里的小画家》（童话剧）………… 张　玉　韩　旭　王忱忱 / 183

《我们的舞台》创作构思 ……… 陈代亮　王月娥　于　昕　刘　畅 / 186

《最美丽的花》创作构思 ………………… 胡　薇　吉　喆　肖　飞 / 189

话剧《莲花》观后引深思 ……………………………… 肖　飞 / 190

做戏，做细 ……………………………………………… 胡　薇 / 193

遇见戏剧，遇见更好的自己 …………………………… 彭　楠 / 198

一 戏剧教学课程

通过戏剧故事、戏剧游戏等方式展开戏剧教育课堂的教学方案

戏剧故事《爱嘲笑别人的猴子》教学方案

胡 薇[*]

爱嘲笑别人的猴子

时间：一个早晨

地点：森林里

人物：猴子，大象，啄木鸟，兔子

从前，有一只猴子非常喜欢嘲笑别人。

有一天，这只猴子出去散步，走着走着，它看见了一头大象，猴子说："哈哈，你的鼻子好长啊！真奇怪，还没有用，你看我的小鼻子多好看啊！"大象说："我天生就是这样啊，没什么奇怪的，我的鼻子可以做很多事情呀。"猴子边笑边说："哈哈，好吧，可是我不喜欢你，再见，哈哈！"

猴子又走着走着，看到了一只啄木鸟，啄木鸟在用细长的嘴啄树。猴子笑了起来，说："哈哈，你的嘴又细又长，真难看，还没有用，你看我的嘴又小又可爱。"啄木鸟说："我的嘴又细又长，是可以帮树治病的。"猴子说："但是你的嘴会碰到我的，我不喜欢你，再见！"

它又看到了小兔子，猴子说："哈哈，你的尾巴好短好难看呀，你看我的尾巴又长又好看。"兔子说："尾巴短不容易被'敌人'抓住。"猴子说："我灵活，碰到'敌人'也抓不到我，再见！"

日复一日，就这样猴子每天都嘲笑别人。渐渐的，森林里所有的小动

---

[*] 胡薇：北京市东城区分司厅小学美术教师。

物见到它都扭头就走,它一个朋友都没有了。小猴子感到非常孤单……可是,这又能怪谁呢?

教学设计

年级：三年级	人数：40人	授课教师：胡薇	授课时长：45分钟

学情分析

这一阶段的学生刚刚习惯集体生活，在人际交往方面存在着诸多问题。他们往往因为心智发育水平的限制和认知的不足，表现出不恰当的言行，如嘲笑班级里其他学生等。因此希望借本戏剧故事向学生传递友好待人、尊重个体差异、发现别人的优点等正面意义，帮助他们反思自己的行为，弥补自身的不足。

同时，采用传统的方式对孩子们进行说服教育，很难获得他们真正的认同和接受。通过戏剧的方式寓教于乐，亲自让孩子们体验故事的规定情境，迫使他们"不得不"考虑剧中人物的所思所想，让他们自发进行头脑风暴，寻求问题的解决方法。经历了完整的故事体验，孩子们便会对其中想要传达的道理具备很强的认同感。

教学目标

1. 培养学生的阅读能力，鼓励他们进行独立思考。
2. 锻炼学生的想象力及控制肢体、利用肢体语言传递想法的能力。
3. 培养学生文字创作的能力。
4. 通过集体编创短剧，鼓励学生团结协作，促进他们之间的交流沟通。
5. 树立尊重他人、善于发现别人优点的意识，达到德育的目的。

教学重难点

1. 体验角色的内心情绪，并且用恰当的语音语调和肢体动作表达出来。在这方面，如何尽量使学生集中注意力，将体验放在角色身上，而不是随意发出声音、作出动作，是需要教师不断引导的。

2.如何让学生将内心对故事的想法落实在文字上，并使之具备可操作性。三年级的学生文字能力有限，教师需要在充分了解并肯定学生想法的基础上，帮助学生撰写、修改文本。

3.一个完整的戏剧演出需要多个部门的通力合作。如何使学生自发、有序地完成短剧的排演，是教师和学生需要共同思考的问题。

课前准备

白纸、笔、动物头套（猴子、大象、啄木鸟、兔子等）、其他道具

教学过程

1. 请孩子们读故事，找找出现了几种动物，它们之间发生了什么事情？
2. 请孩子分角色读故事，体会小动物的心理感受，并利用肢体进行模仿。
3. 根据故事情节，展开想象，续写故事。
4. 根据孩子续写的故事编创小短剧。
5. 课堂总结。

教学反思

通过对该戏剧故事的学习、创编和排演，孩子们充分意识到了尊重他人的重要性，并且领悟到了"想要得到他人的尊重和关怀，就要首先尊重和关怀他人"的道理。孩子们文学创作、手工制作和与人交往的能力也得到了提升和锻炼，每位学生都能在创编过程中发挥个人优势，班级氛围更加融洽。

戏剧故事《躲在草丛里的星星》教学方案

吉　喆*

躲在草丛里的星星

时间：夜晚

地点：星星王国

人物：许愿星，盲童，盲童妈妈，小松鼠，北极熊，动物们

在一个遥远的地方，有一个神奇的王国，叫星星王国，每颗星星都有自己的职责。其中，有一些星星是负责许愿的，帮助那些需要帮助的人或是动物。每天晚上，那些许愿星就会躲在草丛里，寻找它们的目标。它们一共带来了三个愿望。

第一天，许愿星来到了村庄里，看到了一个盲童，她的妈妈在喂树林里的小鸟，盲童对她的妈妈说："妈妈，我多想看到那些小鸟，而不是只能听见它们的歌声。"看着那么善良的盲童，星星们决定送给盲童第一个愿望，让她的眼睛恢复光明。这时一颗许愿星跳出了草地，盲童感觉眼前亮光一闪，她下意识地捂住了眼睛。盲童不知道发生了什么，只是感觉眼前突然变得明亮起来，她慢慢地睁开了眼睛，碧蓝的天空、茂密的树林、欢唱的小鸟一下子出现在了她的眼前，盲童开心极了，她与妈妈拥抱在了一起。

第二天，许愿星来到了树林里，看到小动物们在忙碌着搬运着什么。看着正在慢慢阴下来的天空，星星们似乎明白了，它们在搭"避难所"。

---

* 吉喆：北京市东城区分司厅小学语文教师。

忽然，一阵大风刮来，霎时，乌云密布，电闪雷鸣。小动物们赶快躲了进去，大家你挨我挤，聚在一起，相互取暖。大风呼呼地吹着，大雨哗哗地下着，简陋的"避难所"开始摇摇欲坠。看着团结在一起的小动物们，星星们决定送给它们第二个愿望，给它们温暖的家。这时，另一颗许愿星跳出了草丛，不一会儿，雨停了，太阳渐渐探出了头。远处出现了一座石头搭建的漂亮的大房子，许愿星划出一道光，指引着小动物们"住"进了新家。

　　第三天，许愿星来到了北极。星星们看到了一只瘦骨嶙峋的北极熊慢慢地倒在了地上，不一会儿，远处走来了两只同样瘦弱的北极熊。只见，其中一只北极熊把嘴里叼着的一条小鱼放到了倒下的北极熊旁边。那只北极熊抬起了头，感激地看着自己的同伴，眼角仿佛还挂着泪水。看着可怜的北极熊，星星们决定送给它们第三个愿望，还给它们家园。原来因为气候变暖，冰川渐渐融化，北极熊很难捕到食物，生存面临很大危机。第三颗许愿星从草丛中跳了出来，融化的冰面渐渐冻结了起来，北极熊们兴奋地走上冰面，捕食猎物。

教学设计

年级：三年级	人数：30人	授课教师：吉喆	授课时长：40分钟

学情分析

　　这是一篇童话故事。故事围绕着许愿星来到地球，帮助人类和动物实现愿望展开叙述。故事讲述了许愿星被盲童的善良，小动物的团结和北极熊的友爱所感动，帮助它们分别实现了自己的愿望。故事生动有趣，语言通俗易懂，适合孩子阅读。

　　三年级学生具备一定的识字能力，和分角色的朗读的能力。教学中，我采用了直观的教学方式，通过对话、交流、朗读、表演，帮助学生感悟故事中蕴含的道理。充分凸显以学生为主体，在自主、合作等学习方式中提高学生的朗读能力、理解能力和想象能力。

教学目标

1. 能正确、流利地朗读故事。
2. 能理解故事内容。
3. 能把故事内容通过自编对话等想象表演出来。

教学重难点

能把故事内容通过自编对话等想象并表演出来。

课前准备

音乐、图片等

教学过程

一、激趣导入

同学们，如果你是一颗许愿星，你会帮助谁实现愿望呢？

二、朗读课文，梳理故事

1. 自由读文。
2. 想一想许愿星都帮助谁实现了愿望？
3. 思考许愿星为什么会选择帮助它们呢？

【设计意图】梳理故事，调动学生学习热情。

三、创设情境，理解故事

1. 教师指导，读好课文中的对话

同学们，想一想，盲童会带着怎样的心情和妈妈说那样一段话？

当盲童重见光明，她又会对妈妈说什么呢？

2. 展开想象，创编对话

同学们，想一想，如果小动物们会说话，它们之间会说些什么呢？

分小组合作把第二颗许愿星和第三颗许愿星的故事改成对话形式，讲述出来。

【设计意图】积极创设情境，多种形式地朗读课文，使学生在生动的情境中理解课文内容，体会人物情感。

四、拓展延伸，表演故事

1. 小组合作表演

故事讲完了，同学们喜欢这个故事吗？下面我们一起来演一演这个故事吧。

结合刚才我们一起进行的对话创编，我们把三个片段演一演。

2. 汇报表演

教学反思

本节课是将语文课程与戏剧课程相融合的跨学科教学尝试，《课标》中指出：语文教学要注重语言的积累、感悟与运用。阅读教学是学生、教师、文本之间对话的过程。教师要引领学生走进角色，激发学生的学习兴趣。让学生在主动、积极的思维和情感活动中，加深理解和体验，有所感悟和思考。戏剧作为一种以剧本为基础的艺术门类，在和语文教学的融合中有天然的优势，文学带领学生进入戏剧，戏剧体验让学生更好地理解文本，二者相辅相成，对学生的文学素养、艺术修养、思想品德等多个方面益处良多。

戏剧故事《在牛肚子里旅行》教学方案

张 玉[*]

在牛肚子里旅行

时间：一天早上

地点：草堆

人物：青头蟋蟀，红头蟋蟀，大黄牛

有两只小蟋蟀，一只叫青头，另一只叫红头。它们是一对非常要好的朋友。有一天，吃过早饭，它们俩开始玩耍起来。

青头：红头，咱们玩捉迷藏吧！

红头：那我先藏，你来找。

青头：好吧。

（青头说完，转过身子闭上了眼睛。红头四面看了看，悄悄地躲在一个草堆里不作声了。）

青头：（大声问）红头，藏好了吗？

（红头不说话，只露出两只眼睛偷偷地看。它心想，我要是一答应，就会被青头发现了。）

正在这时，一只大黄牛从红头后面慢慢走过来。红头做梦也没有想到，大黄牛突然低下头来吃草。可怜的红头还没有来得及跳开，就和草一起被大黄牛吃到嘴里了。

---

[*] 张玉：北京市东城区回民实验小学语文教师、大队辅导员。

红头：救命啊！救命啊！（拼命地叫起来）

青头：你在哪儿？

红头：我被牛吃了……正在它的嘴里……救命呀，救命呀！

（青头大吃一惊，它一下子蹦到牛身上。可是那只牛用尾巴轻轻一扫，青头就给重重地摔在了地上。）

青头：（不顾身上的疼痛，一骨碌爬起来大声喊）躲过它的牙齿，牛在这时候从来不会仔细嚼的，它会把你和草一起吞到肚子里去……

红头：那我马上就会死掉！（哭起来）

（它和草已经一起进了牛的肚子。）

青头：（又跳到牛身上，隔着牛肚皮和红头说话）红头！不要怕，你会出来的！我听说，牛肚子里一共有四个胃，前三个胃是贮藏食物的，只有第四个胃才是管消化的！

红头：（悲哀地说）可是，你说这些对我有什么用呢？

青头：当然有用，等一会儿，牛休息的时候，它要把刚才吞进去的草重新送回嘴里，然后细嚼慢咽……你是勇敢的蟋蟀，你一定能出来的！

红头：谢谢你！

红头的声音小得几乎听不见了。它咬着牙不让自己失去知觉。红头在牛肚子里随着草一起运动着。从第一个胃到了第二个胃，又从第二个胃回到了牛嘴里。终于，红头看见了光亮。可是它已经一动也不能动了。

这时，青头爬到了牛鼻子上，用它的身体在牛鼻孔里蹭来蹭去。

大黄牛：阿嚏！

（牛打了一个大喷嚏。红头随着一团草一下子给喷了出来……）

红头：（看见自己的朋友，高兴得流下了眼泪）谢谢你……

青头：（笑眯眯地说）不要哭，就算你在牛肚子里做了一次旅行吧！

教学设计

年级：三年级	人数：40人	授课教师：张玉	授课时长：45分钟

学情分析

《在牛肚子里旅行》这篇课文是一篇生动有趣的科学童话故事。蟋蟀红头和好友青头捉迷藏时，不小心被牛吞进了肚子。危急关头，蟋蟀青头沉着地安慰它，给它出主意，帮助它从牛肚子里逃脱出来。

本班学生具有一定的独立识字能力。同时有着浓厚的表演愿望，也曾有一定的表演基础，热爱朗读。

教学目标

1. 结合语文学习，能在老师的指导下组织有趣味的语文活动，在活动中学习语文，学会合作。

2. 通过表演、角色体验，帮助学生更好地体会人物心情，感受青头和红头之间的深厚友谊。

3. 复习巩固生字词，指导书写"旅行"两个字。

教学重难点

1. 正确、流利、有感情地分角色朗读课文，通过抓住重点语句的理解、引导、感悟，帮助学生揣摩红头和青头对话时的心情，读出与之相应的语气。

2. 默读课文，角色扮演体会红头和青头是"非常要好的朋友"。引导学生懂得当遇到困难时，朋友的作用是非常大的。

课前准备

课文插图、生字词图、牛胃消化过程图片等

教学过程

一、复习词语　巩固识字

教师导入：同学们，上节课我们结识青头和红头这两个好朋友，还认识了很多词语，看看你还记得它们吗？

1. 指名开火车带读词语，指导学生读准字音。

2. 出示课文中的多音字"答、应、骨、几"的读音：在下面的括号中，填入正确的读音。

应：应该（　　）　答应（　　　）

答：问答（　　）　答应（　　　）

骨：骨头（　　）　一骨碌（　　　）

几：几个（　　）　茶几（　　　）

3. 引导观察，指导书写。指导学生书写"旅行"。

【设计意图：针对学生易读错的字词，不断复现、巩固，抓住多音字进行辨析，引导学生发现、关注。】

二、自由读文　整体回顾

1. 引导学生自由读文，整体回顾课文内容。

红头在牛肚子里旅行的线路是怎样的？

（嘴——肚子——第一个胃——第二个胃——嘴里）

2. 小小讲解员——牛的胃是怎样消化食物的？

（1）牛的前三个胃都是用来贮藏食物的；第四个胃是用来消化食物的。【牛肚子的构造】

（2）牛在刚吃草的时候，它不会细嚼慢咽，而是直接把草吞进肚子里。【牛的吃食方式】

（3）牛在休息的时候，会把吃下去的草再送回嘴里，然后细嚼慢咽。【牛的吃食方式】

【设计意图：从整体入手，把握文意，注重学生的情感体验。学生通过整体感悟文章内容，边读边想，实现学生与文本的对话。】

三、品读对话　体会人物情感

以分角色朗读、表演为载体，引领学生走进三次对话，在情境表演中理解课文内容，巩固识字，朗读背诵课文。

对话一：红头被牛吃到嘴里，和青头第一次对话

"救命啊！救命啊！"红头拼命地叫起来。

"你在哪儿？"青头急忙问。

"我被牛吃了……正在它的嘴里……救命啊！救命啊！"

青头不顾身上的疼痛，一骨碌爬起来大声喊："躲过它的牙齿，牛在这时候不会仔细嚼的，它会把你和草一起吞到肚子里去……"

1. 指名朗读。

2. 教师评议，指导朗读。

3. 引导学生对课文的理解加上表情和动作。同桌两个人合作演一演，在情境表演中体会角色。

红头陷入了危机，它的好朋友青头赶紧来救它。

指名读青头的话。

"躲过它的牙齿，牛在这时候是不会仔细咀嚼的，它会把你和草一起吞到肚子里去……"

（1）青头想告诉红头什么？（牛在这时候是不会仔细嚼的，它会把你和草一起吞到肚子里去……）

（2）"这时候"是指什么时候？（刚把草吃进去的时候。）

这就是牛吃草的特点，青头通过自己的知识，为红头找到了活下去的希望。

4. 青头在说这番话的时候，是怎样的心情呢？（焦急）你从哪里看出来？（一骨碌 大声喊）

5. 指名分角色读这段对话。师生评议。

6. 尽管青头这样指导，红头还是说——（小组读）

（1）你读这句话的时候心情如何？（非常着急）

（2）是啊，急得都哭出来了，你知道提示语为什么放后面了吗？（说话很急）所以语速稍快，我们一起读——

7. 所以这里的省略号省略了——青头被红头打断的话。

8. 教师小结：同学们，第一组省略号表示说话断断续续，反映出人物的心情；第二组省略号联系了下文，我们知道说话被打断，表示说话内容的省略。

对话二：青头安慰红头

1. 那青头被打断了什么话呢？（学生自由发言）

"那我马上就会死掉。"红头哭起来。（它和草已经一起进了牛的肚子。）

青头又跳到牛身上，隔着肚皮和红头说话："红头！不要怕，你会出来的。我听说牛肚子里一共有四个胃，前三个胃是贮藏食物的，只有第四个胃才是管消化的！"

2. 指名朗读，理解词语"贮藏"。

3. 了解层意。

（1）读读这段话，你知道有几层意思？分别是什么？（安慰、牛胃的功能构造）

（2）看着图说说牛的胃是怎么样的。

对话三：走进人物内心

"可是你说这些对我有什么用呢？"红头悲哀地说。

"当然有用。等一会儿牛休息的时候，它要把刚才吞进去的草重新送回到嘴里，然后细嚼慢咽……你是勇敢的蟋蟀，你一定能出来的。""谢谢你！"红头的声音小得几乎听不见了。它咬着牙不让自己失去知觉。

1. 引读红头的回答：青头认为红头生还的希望还是很大的，可红头却说——（"可是你说这些对我有什么用呢？"）

2. 指导朗读，读出红头的悲哀。

3. 讨论青头的话到底有没有用。

（1）这段话中又有一个省略号，省略了哪些内容呢？（这时候你就有机会逃出来的。）

（2）那为什么要省略？（因为时间仓促紧迫。）

（3）时间仓促紧迫，青头为什么还要说最后一句？（为了鼓励红头。）

4. 提炼牛是如何反刍的信息。

5. 角色扮演，感受内心后，丰满人物形象。

【设计意图：本环节巧妙地设计问题，抓住关键词句引导学生理解课文，启发学生的思维，培养学生从文中找信息的能力，为探究性学习推波助澜，以分角色朗读、表演为载体，引领学生走进三次对话，在情境表演中理解课文内容。】

四、回扣三次对话　小组合作表演　向课外拓展延伸

1. 指名说：在品读对话，有感情朗读的基础上，引导学生小组合作，体会友情，感悟中心。

2. 红头在青头的帮助下脱离了险境。课文通过它们的对话，把故事写得一波三折，生动而又有趣。最重要的是，我们还从这次旅行中，了解到了一个科学知识，也就是牛吃草有——反刍的特点。其实在动物世界中，还有很多奇妙的事情等着你去发现。

【设计意图：通过小组合作表演整体回顾课文重点，借助表演外化自己的理解，创造性地落实朗读、背诵要求。在表演情境中，自然引导学生向课外拓展延伸，丰富学生的知识积累，培养学生的想象力、创造力及表达能力。】

教学反思

一、多种形式阅读，进行朗读体验

故事内容能够抓住学生的心，使其一口气读完，教师放手让学生在课上读，分角色朗读，扮演。尤其是青头的话，句句在激励红头，给了红头以信心。教师让学生在反复的阅读理解，在反复阅读的过程中，孩子们会充分享受阅读的乐趣。同时他们也从阅读中感悟出生活中的哲理——遇到困难、危险时，帮助朋友、鼓励朋友。在危险到来时要镇定，还要学会乐观地面对。

二、品词析句，深入体会

本课重在引导学生抓住青头语言及行动，理解青头奋不顾身帮助朋友的精神，并且能灵活运用知识救出朋友。而情意目标的达成并不是教师强加给学生，它需要教师激起学生的生活经验和情感体验，让学生在潜移默化中受到文本人文思想的熏陶。语文教学需要文字道理有机结合，需要学生在感悟文字的过程中理解文本内涵。因此，在了解了红头的遭遇后，教师让学生仔细品读描写青头的句子，并谈谈自己的感受，在交流过程中，进一步引导学生抓住重点词、句深入体会文字传达的情感。这既尊重了学生个性化的朗读体验，又培养了学生品词析句的能力。在深入理解的基础上，进行多种形式地朗读，提倡学生读出自己的体会。

戏剧故事《小伙伴出行记》教学方案

韩 旭*

小伙伴出行记

时间：春天

地点：户外

人物：小猴，小牛，和和，美美等

春天来了，万物复苏，我们班的两个吉祥物小猴和小牛买了一辆漂亮的小汽车，他们决定来找同学们玩，快看，他们出发啦！

可是小猴和小牛在路上可遇见了一些状况呢，一出门就被交警叔叔拦住了，这是为什么呢？原来是它们因为不认识交通标志走错了车道。过了很长一段时间，它们终于来到了回民实验小学，一问才得知原来是路上的很多交通标志都不认识，犯了很多错误，好不容易才到了这里。

通过同学们的帮助，它们终于认清和区分了很多交通标志；同学们还邀请它们参观了校园，了解了很多有关这所具有110年历史的百年老校的故事，也结交了回民实验小学的两位小代言人：和和与美美。接着，同学们还作为友好的小主人，带着小猴和小牛认识了学校周围的环境。最终，这些朋友们不舍的分离了，小牛和小猴非常感谢同学们教他们认识了这么多的交通标志，也想邀请同学们下次一起去动物园呢！

---

* 韩旭：北京市东城区回民实验小学数学教师。

教学设计

年级：一年级	人数：30人	授课教师：韩旭	授课时长：40分钟

学情分析

  小学低年级要通过活泼的教学形式培养学生积极体验，养成良好的行为习惯，可以通过讲故事、做游戏、角色扮演等形式引导学生体验。我尝试运用多种方法，调动学生参与团体活动的兴趣，促进学生全情投入，有效地沟通交流。安全剧场为学生提供一种集体验、创造、娱乐、教育于一体的综合实践平台，更是每个孩子乐于参与、实现自我价值的舞台，开拓了一种在情境表演中养成良好习惯的新模式，让学生在其中学习安全知识，培养安全意识，增强防护能力。

  一年级的学生具有活泼好动、好奇、模仿力强等特点，是最容易引发交通事故的群体。孩子们虽然对交通安全方面的知识略知一二，但对其危害程度还是了解不够。通过此次活动，让学生了解交通安全标志与人们生活的密切关系，初步养成自觉遵守交通规则的意识，在以后的生活中，使孩子监督父母提高遵守交通规则的自觉性，增强自我安全防护能力。

教学目标

  1. 引导学生认识常见的交通标志与符号，知道它们的名称及含义。

  2. 在情景模拟等活动中体验交通规则的重要性，引导学生学会按照标志指示行走，培养学生遵守交通规则的意识。

  3. 培养学生的规则意识，提高自我安全防护能力。

教学重难点

  1. 低年级学生思维发展处于初级阶段，思维方式和感知能力与成人有很大不同，注意力集中时间短。教师要注意教学方法，在言辞、动作和节奏把控上进行提前规划和调整。

  2. 要注重引导学生不仅"知"还要能"行"，这需要教师在教学时给予学生更多的启发和刺激，带动学生的情感共鸣。

  3. 教师要注意低年级学生在进行活动课经常出现的特殊情况并提前做好预案。

课前准备
交通标识卡等

教学过程

一、故事导入

情景导入：春天来了，万物复苏，我们班的两个吉祥物小猴和小牛买了一辆漂亮的小汽车，他们决定来找同学们玩，快看，他们出发啦！

（出示动态开车的 PPT）

提问：可是一出门就被交警叔叔拦住了，这是为什么呢？

预设：他们走错道了。

追问：你们同意吗？（同意）那他们应该在哪儿开？（汽车道）

引导：小猴和小牛就是因为不认识这两个交通标志才违反了交通规则，看来，认识交通标志特别重要。

二、认识交通标志

1. 提出问题

引导：小猴和小牛继续前行。

（师："哎呀，怎么这么长时间还没到，都等着急了。"

小猴和小牛："我们来啦，让大家久等了。"

师："你们怎么迟到了？"

小猴："别提了，路上的交通标志我们都不认识，犯了很多错误，好不容易才到这儿。"

小牛："你们能帮助我们认识认识他们吗？"）

提问：他们都遇到了哪些交通标志呢？（出示交通标志图片）你们愿意帮助他们吗？

预设：愿意。

提问：你们认识它们吗？

（学生回答自己认识的标志名称，2—3 名同学）

2. 我为"标志"代言

引导：下面请同学选择自己比较熟悉的标志，为它代言，让大家都认识这些标志。

（学生领取交通标志后，教师讲解：你们可以先在小组里面练习练习，说一说。）

（下面请小代言人上来，给这些交通标志代言。）

引导：同学们，这些标志里面有两个长得特别像，你们发现了吗？

预设：过街天桥和地下通道。（都同意吗？看来，你们有一双会发现的眼睛！）

提问：那这两个标志又有什么不一样呢？

预设：一个是小人向上面走，一个是小人向下面走。（观察得真仔细！）

追问：那向上面走的是什么？向下面走的是什么？

（请小代言人把交通标志贴在黑板上。）

小结，提升：刚才我们帮助小猴和小牛认识了这些交通标志，你们发没发现这些交通标志在颜色上也有一些区别呢？

第一种是蓝色的，是指示标志，告诉大家应该怎么做。

第二种是黄色的，是警告标志，提醒我们有危险，要注意安全。

第三种是红色的，是禁止标志，告诉我们不应该怎么做。

3. "我指你说"

引导：同学们，你们都记住这些交通标志了吗？下面就看看大家是不是真的记住了。

教师任意指交通标志图片，学生迅速说出其名称。

4. 情景再现

引导：同学们作为学校的代言人，向他们介绍一下我们学校的两位小代言人吧！回民实验小学是具有百年历史的民族老校，让我们一起为学校代言！

（生作为小代言人，介绍和和、美美两位小代言人和学校的百年历史。）

引导：看来同学们都记住这些标志了，下面我们就做一个友好的小主人，带着小猴和小牛认识一下学校周围的环境吧！

（出示交通标志的图片，分别是："戴小黄帽再过马路"标志，施工标志，注意危险标志，地下通道标志，人行横道标志。）

小结：小牛和小猴非常感谢同学们教他们认识了这么多交通标志，他们也想邀请同学们去动物园玩，现在我们就一块跟着他们去动物园吧！

（教师分配角色，到户外布置好的场地一起行动起来，看看同学们有没有违反交通规则。）

教学反思

本节课考虑到一年级学生的年龄特点，并没有拿出一个"成熟"的剧本以供排练，而是教师提前写好故事梗概，在课堂教学的过程中以类似"即兴戏剧"的方式和孩子们一起完成整个故事，这种方法更适用于低年级学生，有利于课堂秩序的维护，让学生在相对活跃的气氛中最大限度地获取并吸收交通安全知识。

同时，这样的上课形式处在常规课堂和戏剧课堂的中间状态，对于没有接触过戏剧课的低年级学生来说，这样的上课形式也是他们接触戏剧课程的良好过渡。

戏剧故事《对不起,没关系》教学方案

王月娥*

对不起,没关系

时间:下午

地点:学校休息室、排练场

人物:小智、嘉嘉、老师、爸爸与其他同学

小智参加合唱团的演出活动,得到老师的严重警告:"如果再不努力练习,就取消其演出资格!"小智很珍惜这次演出机会,每天刻苦训练,终于获得了"演出通行证"。在排练场大家一起排练一起玩,十分开心。

(画外音)"同学们,刚吃完饭不要乱跑,在休息室里安静地坐一会儿,六年级的同学过来打扫一下卫生。"

小智这时从嘉嘉身旁飞快地跑过,正拿着小棒挥舞的嘉嘉一下子哭了起来。原来小智碰到了嘉嘉,嘉嘉的手改变了方向,小棒又碰到了嘉嘉的眼睛。小智浑然不觉,直到其他孩子围着他,说是他把嘉嘉弄哭的,要他道歉。小智急得紧紧地咬着牙,眼睛红红的,说:"不是我,我没有,是她自己。"老师走进休息室,几个孩子围上来,七嘴八舌地说:"老师,老师,小智把嘉嘉弄哭了,他还不承认。"

老师走到嘉嘉身边问:"怎么回事啊?"

嘉嘉哭着说:"就是我在这儿玩,小智突然跑过来碰了我,我一抬手,

---

* 王月娥:北京市昌平区天通苑学校初中部道德与法治教师、团总支书记、小学部德育副主任。

就打着眼睛了。"

"不是我打的！"小智边说着边往门口跑，到门口时趴在了墙上，不动弹。

老师看了看嘉嘉的眼睛，确定没有问题，就安抚嘉嘉："是不是很疼啊？现在比刚才好些了吗？"

"嗯，好多了。"

"老师来处理，你休息一下，心怡、若凡你们来陪陪嘉嘉。"老师走到小智身边，小智仍然面对墙趴着，不论老师怎么叫他的名字，他就是不回答，也不说话。最后老师只好说："小智，你如果一直这样不看我，我就没办法帮你哦，老师可要走了。"

小智慢慢回过头来："不是我打的她！是她自己，我没打她。"

"老师并没有说是你打她啊！我看到你现在非常生气，是不是别的同学都说是你打的嘉嘉，你生气了呢？"

小智的脸色有些缓和，轻轻地点头。

"老师问你问题你往门外跑这件事，老师先表扬你没有真的跑出去，而是在门口停住了，这说明你有安全意识，知道等老师来问，这点特别好。但是老师来了你一直不说话，不抬头看老师，真的很不礼貌。那老师也会生气的。"

"我就是跑过去了啊，然后她就哭了，她是自己打的自己，不是我！"小智眼含泪水。

"老师没有说是你打的，那我们想想，你有没有碰到嘉嘉呢？"

"碰了，可我不是故意碰的。"

"确实是嘉嘉自己打到了自己，她抬手了，但是如果你没有碰，嘉嘉能打到自己吗？嘉嘉这个时候肯定很疼，如果你是嘉嘉你是不是也会疼得哭起来呢？"

小智点头。

"走吧，我们去嘉嘉那里看看她。"老师牵着小智的手走到嘉嘉面前，"嘉嘉还疼不疼啊？"

"有一点儿疼,老师。"

小智担心不被原谅,很小声地说:"对不起嘉嘉,我不是故意的。"

老师发现了小智的担心,转身问嘉嘉:"老师知道嘉嘉被打到很疼,小智来跟你道歉了,你会原谅他吗?"

嘉嘉飞快地回答:"能,小智,没关系。"

"好了,嘉嘉去玩吧。"

老师带着小智走到一边将整件事情又回顾了一遍,告诉小智如何来和同学们搞好关系。晚上爸爸来接的时候,老师和爸爸交谈了一下,提醒爸爸,小智需要朋友,需要学习怎样和同学沟通。

教学设计

| 年级：二年级 | 人数：30人 | 授课教师：王月娥 | 授课时长：45分钟 |

学情分析

　　小学二年级的教学阶段，学生的抽象逻辑思维刚刚萌芽，他们对抽象文字语言的理解能力还有限，因此该阶段主要以"场景故事"和"公德戏剧故事"为主。二年级的学生完成了从幼儿园小朋友到小学生的角色转换，更多地参与到社会生活中来。通过学生模拟"场景故事"，鼓励学生对思想品德问题进行思考和发言。表演和鼓励学生主动发言是"场景故事"的核心所在。通过模拟"事故场景"和戏剧故事，将公德品德和准则通过戏剧表演的形式渗透到学生平日的行为中。

教学目标

　　1. 戏剧目标：培养学生"七力四感"，学生参与戏剧表演，接受优秀戏剧作品的美学熏陶，提高艺术鉴赏能力。

　　2. 教育目标：戏剧是一门合作的艺术，训练和提高学生的交流、沟通、合作能力。建立正确的人生观、价值观，是对"真善美"的追求与引导。

　　3. 课程目标：作品本身蕴含对思想品德的教育与启迪，培养学生独立思考的能力。

教学重难点

　　学生能够走进剧本，运用肢体、心理进行艺术创作，表达自己的感受和想法。

　　观演注意事项的规范与讲解。

课前准备

1. 分配小组，分配角色。
2. 熟读剧本。

教学过程

1. 形体操：《找朋友》。
2. 戏剧游戏：声音跑跳碰。

两人一组（一号、二号），做声音的加减法，指定一句话，如："今天天气很好"，从一号开始说，一号说完换二号，二号要比一号的声音大，再换，以此类推，要注意不要伤害到喉咙，如不能再大声，就停止不要继续。随之，再做声音的减法，如"对不起，我错了"，规则同加法一样。

3. 戏剧故事：排演《对不起，没关系》。
4. 汇报小演出：同学们扮成小演员、小观众，看后互评。

表演时一些注意事项的规范与讲解。

课堂感受分享。

教学反思

同学们互评有益于相互促进、增强大家的课堂积极性。但是要注意适当放低要求，接受学生目前生理心理认知现状，尊重孩子自己的创作，教学相长。

戏剧故事《石头王国奇遇记》教学方案

于 昕*

石头王国奇遇记

时间：一天中午

地点：小海岛

人物：聪聪、图图、大魔王

  聪聪和图图是同班同学，要说他们两个是好朋友吧，看在一起和泥巴的份儿上还真是。可是班里也顶数他们两个之间的矛盾多。每天都吵闹不断，又不能互相道歉。同学们都说他们像两块石头，硬邦邦地相互伤害。

  今年的游学如约而至，老师带领大家去热带小岛看风景，同学们都很高兴。小岛上的风景很奇特，有很多大小不同、形状各异的石头。同学们都很好奇这些石头是怎么来到这小岛上的。突然间天空电闪雷鸣，倾盆大雨让同学们无处可躲。随着雨水淋湿全身，大家发现自己慢慢地动不了了，都变成了一块块石头。任凭怎么哭喊，就是一点办法都没有。

  聪聪和图图本来还在因为争抢一块好看的鹅卵石而吵闹，当发现自己正在变成石头，两个人害怕得攥紧了彼此的手，结果聪聪和图图就变成了一大块连体石头。

  这时岛上传来了大魔王的声音："如果有哪块石头能在大雨结束前滚落回海里，它就能变回人形坐船离开。"大魔王邪恶的声音回荡在空气里，

---

* 于昕：北京市昌平区天通苑学校小学部英语教师。

原来那么多奇形怪状的石头都是来到小岛上的人们变成的。

聪聪和图图吓得哇哇大哭，还不忘互相埋怨，图图："要是你不和我抢，说不定我们能找到避雨的地方，就不会变成大石头了！"聪聪："可是这样总不能都怪我吧，现在都已经这样了你还在责备我！"说得生气了，俩人还想打上一架呢。

就在这时，这块连体石头动了一下，聪聪和图图发现只要他们两个向同一个方向用力气，石头就可以向前滚动。于是两个小伙伴不争吵了，一起喊着口号："一二！一二！用力翻滚！"果然石头顺着山坡滚了下去。路上他们听到了很多同学的哭喊声，于是停了下来用他们这块大石头去推动那些小一点的石头。后来他们找到的同伴越来越多，大家都依靠着彼此，努力地向同一个方向用力。

眼看着天边慢慢放出亮光，大家要在最后的时刻滚落进海里才可以。聪聪和图图作为最大的石头一直在最后面拼命地使力气，最终大家在大雨停止前顺利地滚落到大海中。同学们都变回了自己的样子。聪聪和图图的手还是紧紧地攥在一起。

教学设计

年级：二年级	人数：30人	授课教师：于昕	授课时长：40分钟

学情分析

　　戏剧故事的编写，不追求难度，其目的宗旨也非技巧训练，众所周知，戏剧是行动的艺术，剧作家给出的台词在最后的舞台呈现中，是众多丰富的舞台表现中的一部分，因此，在实施教学时，应给予学生广大的创作空间，引导鼓励他们勇于站在舞台上，调动起自己的想象力去行动，才是最重要的。各类戏剧故事，要根据学生的心理、生理特点去设计。

　　低年级学生，抽象逻辑思维刚刚萌芽，他们对于抽象文字语言的理解能力还很有限，因此以动物戏剧故事为主，以及根据他们的生理特点来进行生活习惯的故事的设计，从熟悉的生活取材，利于学生理解和表演，比如将家庭教育和学校教育进行部分延伸展重叠，引起共同作用。其实对于很多低年级的学生来说，朋友之间应该如何相处，如何更好地相处，如何更好地待人接物是他们应该知悉的。

教学目标

1. 理解故事内容，掌握中心思想。
2. 生动、灵活地运用肢体语言，了解肢体语言的作用。

教学重难点

1. 如何让学生打开身体，放松肢体且灵活运用是难点。
2. 这个故事里，怎样使两个孩子认识到什么是真正的友谊，怎样让他们的关系一步步转变和递进是重点。

课前准备

空旷的教室、学生和教师穿方便活动的衣物、了解学生的具体情况等

教学过程

一、激情导入——释放能量

1. 教师帮助学生打开身体释放久坐的压力。"一二三，木头人"游戏可以锻炼孩子的反应能力和肢体能力。"感官游戏"，可以锻炼孩子的感受力，注意力。"一二三，木头人"，是当老师在教室里找到一角，当老师背对着孩子们的时候，孩子们可以走动，但是不可发出声音，当老师在转过头的时候，所有孩子要迅速保持静止，像是木头人一样。"感官游戏"，则是所有人站成一个圆圈，所有人要集中注意力，听老师的口令，老师随机喊出身上的一个部位或者东西，同学们要迅速用手去摸老师命令的部位。

2. 询问学生在生活中是不是会因为一件物品跟朋友争夺，你认为什么才是真正的好朋友？

二、激情互动——了解"友情"

1. 教师引导通过戏剧游戏《雕塑》的进行，帮助孩子们更好的打开肢体，了解身体，为接下来的戏剧故事中"石头"的扮演做准备。可以增加一些这是些什么样的"石头"的描述，比如：人形、动物形状、奇形怪状等。还有两个小主人公见到这些石头时的反应。这个游戏两个人为一组，一个人为雕塑家，另一个人为雕塑。雕塑要完全服从雕塑家的雕刻。引导同学们细小到手指及每一个关节。限时2分钟。雕塑完毕后要赋予雕塑一句话，要符合身体的动作。让雕塑家讲述雕塑的故事接着两人互换。

2. 小组讨论聪聪和图图为什么会经常出现矛盾，他们之间又是怎么样成为好朋友的。教师在这个过程中要引导学生明确这两个小朋友之间的关系，他们如果彼此之间没有感情，没有喜欢对方的地方，他们就不会老待在一起，也不会老产生矛盾，但是当他们真正发现对方身上的优点时，才是彼此互相理解，互相包容，成为朋友的时候。

三、激情展示——获得"友情"

1. 通过之前互相促进、互相启发、教师引领等一系列准备环节，让学生们以肢体作为道具的模式进行独立的角色展示或者通篇故事的角色扮演。本剧的展示尽量以"无道具"为最佳，进而可以锻炼学生们的肢体表达能力和学生们对于舞台空间、舞台美术、道具的认知。

2. 理解角色，深入故事。通过这个故事我们知道了什么道理，通过自己的理解复述故事并且谈谈你对两位故事主人公的看法，什么样的友情是我们应该拥有的，我们在生活中要多去看到别人的优点，互相合作，战胜困难，这样的友情才是真正通过自己"获得"的。

教学反思

1. 本以为在雕塑过程中同学们会调皮作出一些鬼怪的姿势，结果每位同学都在认真对待。孩子们的想象力远比我们想象中要丰富，在戏剧故事中也可以体现，哪怕是他们认为很搞笑的物品，在老师眼里都是一些难能可贵的细节。

2. 友情弥足珍贵，我们要珍惜。但是获得友情的方式没有带领孩子们去思考，缺乏长远的眼光，因为现在的一次引导可能对他们来说就是未来人生的宝贵经验。

戏剧故事《小猪变大象》教学方案

刘　畅*

小猪变大象

时间：一天中午

地点：森林

人物：小猪，老虎，大象

  一只小猪吃完午饭，打着饱嗝，挺着自己圆滚滚的肚子来到森林里散步。它边走边哼着歌，完全没有注意到在它不远处的树丛里藏着一只老虎。老虎的肚子饿得咕咕直叫，此刻正贪婪地看着小猪流口水。它想："这只小猪又肥又嫩，一定特别好吃。"

  老虎趁着小猪不注意，猛地扑向它，没想到却被树枝钩住了脚摔了一跤。小猪听到声音吓得赶紧跑。老虎一击未中并没有放弃，在地上打了个滚儿就使劲追。小猪拼命跑，可是老虎跑得飞快，它们之间的距离越来越近了。小猪赶紧躲到了路边的树丛里。可是老虎的眼睛很尖，很快就发现了小猪露在外面的尾巴。小猪只好边跑边大声地喊："救命！"

  眼看小猪就要被老虎捉住了，一头大象突然出现，它用自己的长鼻子把小猪卷起来放到背上，然后抬起自己粗壮的大腿一脚就把老虎踢到了一边，老虎只好灰溜溜地逃走了。

  大象伯伯把小猪送回了家。晚上小猪做了一个梦，它梦见自己的个子

---

* 刘畅：北京市昌平区天通苑学校小学部语文教师。

变得很高很高,身体变得很大很大,还长出了一条长长的鼻子。哈,原来梦里的它变成一头大象啦!

教学设计

年级：一年级	人数：40人	授课教师：刘畅	授课时长：45分钟

学情分析

  一年级的学生活泼好动，对教育戏剧这种新型的课堂模式既新奇又陌生，教师应该鼓励学生在课堂中能够积极、大胆地表现自己。由于学生都是初次接触教育戏剧课，在角色扮演、故事表演中，学生很难快速进入角色，会有学生缺乏舞台感、镜头感。在观看他人表演时，不明确自己的任务会影响他人表演。教师在任务布置前提前讲明要求，例如角色的投入、表演的完整、舞台的站位、观众的任务等等。

教学目标

  1. 培养学生共同合作、交流沟通的能力。
  2. 激发学生的想象力和创造力，鼓励他们进行完备的语言表达。
  3. 使学生学会独立思考，同时具备换位思考的能力，理解他人、关心他人。

教学重难点

  1. 学生能够积极地参与表演，在小组活动中学会与他人合作，并能自信地向全班同学展示。低年级的孩子们理解能力有限，表达方式也未臻完善，如何引导他们最大限度地表现自己，表达自己内心的想法，是教学的重难点。

  2. 在戏剧活动中激发学生想象力、创造力以及语言表达能力。光有想象力是不够的，要让孩子们意识到如何将想象中的事物通过表演等手段现实化。

  3. 学生扮演不同的人物角色，认识到要从不同的角度看待问题，同时学会理解他人，帮助他人。

课前准备

  课件、识字卡片、动物头饰、其他道具

教学过程

（一）讲解规范

1. 今天我们将会和一个小动物一起上这节戏剧课，（出示卡片）大家看，它是谁？

2. 我们知道汉字是依照事物的样子创造的象形文字，你能根据小猪的样子创造它的甲骨文吗？

3. 学生自主创作，交流自己这样创作的原因。

（二）暖身活动

1. 大家创作的甲骨文和仓颉创作得非常相像，（出示卡片）这个字就是"豕"表示小猪的意思。

2. 下面请大家以小组为单位用自己的身体摆出"豕"这个字。

（三）主题活动

1. 今天老师就给大家讲一个有关小猪的故事。（教师讲述故事的开头）

2. 小猪就快要被老虎捉住了，大家快来帮它想想办法吧！

3. 大家的办法真好，要想让小猪快跑，我们可以给"豕"加上一个"走之旁"，这个字就变成了"逐"，表示追赶的意思。

4. 老虎追逐着小猪，小猪赶快躲到了树丛里。请大家五人组成一个小组扮演树丛请一位同学扮演老虎和小猪，我要把小猪藏到其中一个树丛里，老虎只有一次机会寻找。

5. 反复进行数次游戏，交流游戏经验。

6. 老师继续讲述故事（小猪被大象救了，送回了家）。

7. 我们来看看小猪的家是什么样子的。这里不仅四面都有坚硬的墙，连房顶也铺满了瓦片，这次大老虎还能抓到小猪吗？我们来看家这个字，它有墙壁和房顶的保护非常安全，里面还养着一只小猪，猪肉是我们重要的食物来源，这样安全又有食物的地方就是家。

8. 晚上，小猪就睡在家里舒服的床上，它梦见自己的身体变大了，四肢变长了，连鼻子也变得很长很长，哈，在梦里它变成了一只大象（教师边讲边用课件演示字的变化）。

教学反思

今天我们用戏剧的方法认识了"豖""象""逐""家"这几个象形字,知道了它们都和小猪有关系。同时,孩子们将自己对戏剧的看法和创作的灵感充分地进行了沟通与交流,合作的意识得到了极大的提升,也明白了胜利不是游戏的真正目的,学会与其他人团结协作、共同达到目标,才能获得双赢的效果。

戏剧故事《入木三分》教学方案

陈代亮*

入木三分

时间：白天

地点：绍兴城内

人物：掌柜，伙计，教书先生

相传，在这绍兴城内有一位老掌柜，打拼了十数年，好不容易把生意做得有些起色，有了些许银两打算扩一扩这老门面，招牌也该换个新的了。这天，老掌柜打发伙计去寻个像样的木料，可等了多时，也不见伙计回来。

一直过了晌午，伙计才抱着一块木料跑回来。"掌柜的，我回来了！"老掌柜望着气喘吁吁的伙计，疑惑地说："这，这就是你找的木料？"伙计说道："我跟您说，这招牌一定要用好的木板，我跑遍绍兴城没有找到合适的木材，碰巧在老街看到这块写满了文字的木板，一打听是翻修前朝王府剩下的。"老掌柜看了看木料，果然是块有年份好木材。于是吩咐伙计道："这个木板布满了灰尘，也写满了字，你要把上面的灰尘和毛笔字洗去，这样才好写新的招牌啊。""好嘞，灰尘和毛笔字很容易擦洗掉的，您瞧好吧。"伙计说罢，便抱着木料去了后院。

太阳快落山了，老掌柜来到后院，看到满头大汗的伙计和一地的水渍。"奇怪了，我擦洗了半天，木板上的毛笔字不仅没有擦掉，反而更清晰了。"

---

* 陈代亮：北京市昌平区天通苑学校小学部美术、书法教师。

伙计见老掌柜来了，一脸委屈地说道。老掌柜也感到疑惑，但又舍不得这块好木料，于是拿来了刨子。"不行就刨。"说罢，和伙计一起刨起木头来。两人忙活到天都擦黑了，可木头上的字仍然没能被去掉。伙计擦了擦汗，说道："真是奇怪了，这木板刨了一层，笔迹依稀可见；木板刨了两层，笔迹还能看见。这样深刻有力，都深入木板里了。"老掌柜也起了疑，丢下刨子擦了擦手，说道："住手吧，去找教书先生来看一看。"

不一会儿，伙计就把教书先生请了过来。伙计把木料抱到先生跟前，又多点了两支蜡烛照亮，这才问道："劳烦先生看看我们刨了两层迹依然可见的字是何人写的啊？"先生捋了捋山羊胡，说道："呜呼呀！这书法字写得真厉害！此人绝非一般人，待我细细观之。"此话一出，老掌柜和伙计是一口大气也不敢出了。过了一会儿，先生惊呼："果然！这是大书法家王羲之的笔迹啊！你们来看，这字如此深刻有力，墨渍竟渗入木板里面约有三分深，真乃神人也，书圣之名实至名归啊！这真是……"

老掌柜吓了一跳，还好请了先生来看，不然若真毁了字迹，可就成了罪过了。老掌柜见先生此状，立马将纸笔放在先生面前。只见先生在纸上写下四个大字，掌柜和伙计连忙探头看去，念道："入—木—三—分。"先生放下笔，又摸了摸木料，说道："书圣笔力之强劲真是'入木三分'啊！"

教学设计

年级：三年级	人数：40人	授课教师：陈代亮	授课时长：40分钟

学情分析

　　书法课程是本校的特色课程之一，三年级学生经过一学年的书法学习，已经基本掌握了软笔书法的基本笔画，能够较准确地书写常见的笔画简单的字。书法练习的过程是枯燥的，通常在书法课程中教师为了鼓励学生或促使学生了解书法文化，会选取一些书法家的传说故事讲给学生听。但因为涉及典故较多，学生不好理解，因此并不能很好地达到预期教学效果。该故事改编自《成语典故》，通过戏剧故事的教学，能够使学生感受书法的魅力和书法家的故事，从中让学生体会故事寓意，达到书法教学课程和戏剧教育课程交融互促。

教学目标

　　1. 训练学生的观察力、模仿能力、专注力。
　　2. 学生通过表演故事，体会书法要苦练才能达到功力深厚的境界，学习中必须经过不懈地努力才能得到深刻的见解。

教学重难点

　　1. 教学中要注重引导和启发学生独立思考，理解和发掘故事背后的深刻内涵。
　　2. 教师在课前要在戏剧、历史、书法三个方面做理论和方法的充足准备。
　　3. 学生要根据历史时代背景进行表演，教师要准备充足的材料和信息帮助学生。

课前准备

形体操音乐、表演道具、书法用品等

教学过程

1. 热身形体操：古典舞身韵与礼仪组合。
2. 讲述"入木三分"的成语典故，引导学生思考该成语的含义和背后值得发掘的深刻道理。
3. 分发剧本，小组讨论分配角色。
4. 分组展示。
5. 课堂总结。

教学反思

本次教学尝试将书法和戏剧融合在一起，书法课让孩子们学习中国传统的瑰宝，而戏剧课能让孩子们把在静压气息浓厚的书房中学到的知识得以释放和展现。通过一个简短的戏剧故事，让学生理解一个成语，学到一个典故，感悟一个道理，相信在今后的书法学习中，孩子们也会将本节课的心得感悟运用到书法练习上，更好地传承传统文化，也成为更好的自己。

戏剧故事《雨》教学方案

林　熠*

雨

时间：白天

地点：公园

人物：小朋友

闷，满天的乌云黑沉沉地压下来。闷得天空妹妹喘不过气。所有的动物、植物懒洋洋地静下来。

好像要发生什么，所有的所有都在静静等待，等谁？

她来了！只是在躲躲藏藏。

一滴、两滴、三滴……

拍打知了的翅膀，抚摸树上的叶子，打碎如镜的湖面，湖面上被打出了一个个小水泡，仔细看像一顶顶透明的小帽子。

一条、两条、三条……

慢慢地、斜斜地飘下来，雨拉着风的小手舞动着，她们打湿了青蛙的大眼睛，她们吹弯了绿树的腰，吹乱了柳树的秀发。

雨越下越大，房子啊，树啊都看不清了，风拉着雨仿佛要找小伙伴，可是他们太急了，他们带着乌云滚滚涌来，伴着一道道闪电，一阵阵雷声，刹那间狂风大作，震耳欲聋，吓跑了看景的小鱼，惊呆了小朋友赶紧往

---

*　林熠：北京市昌平区原天通苑学校语文教师，现在昌平一中。

家跑。

　　雨小了，停了。垂头丧气的小花又挺起胸脯了，蝴蝶又开始翩翩起舞，柳枝又开始梳理秀发机灵的小鸟探出头了，清新的空气让她陶醉，大胆地划过天空告诉大家，雨停啦！

　　池塘又平静了，小鱼又出来看景了，青蛙又出来呱呱叫了，叫得娃娃们蹲在一旁也学了起来，一条彩虹远远地摆摆手对雨说："再见！"

教学设计

年级：二年级	人数：30人	授课教师：林熠	授课时长：40分钟
\multicolumn{4}{c}{学情分析}			

学情分析

二年级学生已经上了一年的戏剧课，了解基本课堂常规，已经接受了肢体开发、说故事、声音表情等基本训练。

教学目标

1. 能发挥想象力通过肢体表达。
2. 能小组合作一起表演下雨过程。
3. 了解舞台上的六个区域。

教学重难点

1. 能小组合作一起表演下雨过程。
2. 了解舞台上的六个区域。

课前准备

（配森林音乐）视频中出现什么动物，就模仿什么动物走路，随着音乐的快慢，控制自己脚下速度。注意安全，互相不要肢体碰触。

教学过程

1. 读文章，给下雨的过程分部分（雨前、雨中、雨后），找出故事的开始，中间，高潮结束与结局。

2. 故事中描写了很多景物、动物、植物，选出一个你喜欢的角色，并找出相关的舞台指示。按角色分组，选同一个角色的同学分为一组。

角色：云、天空、雨滴、树叶、湖面、风、青蛙、柳树、雷、小鱼、小花、小朋友、小鸟。

3. 仔细观察，故事中不是每个角色都在雨前、雨中、雨后被描写到，但是整个下雨过程，这些动物、植物、景物是存在变化过程的，需要我们发挥想象，小组合作，想象一下下雨的过程中你这个角色应该有哪些变化。

例如湖面、树叶、小花等等这些角色在雨前是什么状态，雨中又是什么样子，雨后她们又发生了什么变化。

模仿表演：

1. 按小组表演。把每一个角色都充分想象，用肢体展现出来。教师指导。小组再次练习。

2. 团队表演。每个角色都选一个同学，自由地站在舞台上，教师读故事，学生各自表演自己的故事。展现下雨的整个过程。

了解舞台的六个区域：

提问：刚才的表演，你们对谁的印象最深？

同学们对舞台中央的演员表演印象最深，而对两侧的同学印象较浅。这是什么呢？是他们演得不好吗？并不是，而是舞台这么大，它是分区域的，共分为六个区域，中一区、中二区、右三区、左四区、右五区、左六区。中一区和中二区是最强的，所以你们印象最深。右三左四次之，而右五和左六最弱，所以你们才没什么印象了。这跟我们阅读习惯有关系，平时我们都是从左往右看，所以也就有了视觉上的习惯，当故事中重点讲某些角色的时候，这些角色就要慢慢移到中一区和中二区。当故事中没有提到某个角色，咱们就可以慢慢移到较弱区域。

例如表演乌云的同学，开场的时候在中一区，随着后面故事的发展，乌云没有被提及的时候，就可以慢慢移动到右五区、左六区。而提到小花的时候，小花表演者就要慢慢移到中一区。

小组复排，再次表演，体会舞台区域，感受调度带来的整体效果。

教学反思

今天大家很出色，用自己的方式表演了雨中的景象，而且通过大家的合作，我们完美地展现了下雨的整个过程。最重要的是我们还学习了舞台区域，随着我们掌握的表演技巧越来越多，你们的表演会越来越出色。

戏剧故事《两个小侦察员》教学方案

徐 戈[*]

两个小侦察员

时间：白天

地点：崎岖的山路、山顶日本鬼子的据点（庙宇）

人物：11—12岁的小男孩

两个十来岁的小侦查员各自背上十多斤蔓菁、土豆、白菜，从村公所出发（南上爬坡），走在凹凸不平的羊肠小道上，穿过比人高的茂密灌木丛和原始森林到达了妙峰山（海拔1251米）的日军据点。

哨兵见是两个小孩背着菜，也没问什么就让他俩进了据点。敌人正在吃早饭，邱宏仁一边观察敌人人数和武器数量，一边和翻译官打招呼。翻译官问，"嘿，那俩小孩儿，哪个村的？干什么来了？""我俩是郎儿峪村的，是来报告情况和送菜。"又问："你们村的人，都在干什么？""都在忙着地里的活儿呢。"邱宏仁沉着干脆地回答。

这时，翻译官突然发问："村儿里看到什么生人没有？"对于敌人的试探，邱宏仁立即回答："没有生人来村里住，就是今天天没亮时，得有好几百的八路军从西边过来向东边开走啦，我俩来就是要向皇军报告这个情报的。"翻译官立即把这份刚刚得来的假消息向日军小队长报告。

为防止侦察有什么疏漏和避免敌人怀疑，王文志装出肚子疼的样子，说去厕所方便一下，借机再次查点人数和武器装备，并发现了被抓民夫所

---

[*] 徐戈：北京市昌平区平西府中心小学体育教师、大队辅导员，艺术工作主管。

在位置。三四分钟后王文志回来了,两个小侦察员心照不宣任务已经完成,这时他们对翻译官说回去的路还远得赶紧走了。

教学设计

年级：五年级	人数：28人	授课教师：徐戈	授课时长：40分钟

学情分析

　　五年级学生已经接受了五年的戏剧课的熏陶，了解基本课堂常规和戏剧课的教学方法，已经接受了感受练习、肢体开发、讲故事、声音表情、重量练习、观察人物等基本训练。

教学目标

　　1. 能发挥想象力，通过听对方的语言，然后根据自己的人物用合理的语言表达。
　　2. 能合作表演。
　　3. 能用综合手段完成预定目标。

教学重难点

　　1. 能发挥想象力，通过听对方的语言，然后根据自己的人物用合理的语言表达。
　　2. 能用综合手段完成预定目标。

课前准备

　　1. 教师准备不同情境的音乐配合练习。
　　2. 安全提示：注意安全，动作合理，互相肢体不碰触。

教学过程

　　1. 读文章，找出这次行动的目的，根据行动的目的确定自己的洗礼活动。
　　2. 故事中描写了很多角色，选出一个你喜欢的角色。按角色分组，选同一个角色的同学分为一组。
　　角色：邱宏仁、王文志，翻译官，日本军官

认真观察，注意听别人的语言：

1. 分小组表演。把每一个角色都充分想象，按规定将情景体展现出来。教师指导。小组再次练习。

2. 团队表演。每个角色选一个同学，组成一个临时剧组，将整个片段表演出来。

提问：刚才表演的过程中谁的语言最真实合理？

1. 语言的真实合理会帮助演员很好的塑造这个人物形象，也可以让广大观众更加相信这个演出的真实性。在日常生活中我们也会遇到特定语言环境，与人交谈时我们的语言是先接受别人的话思考后再回答这个时候就会有接受和反应然后再表达这个过程，往往这样的语言是生动的、自然的。

2. 小组复排，再次表演，体会在说台词是怎样生动自然的。

教学反思

在课堂上同学们从背台词到真正有交流，随着对方的改变自己进行调整这些就起到了这节课的练习作用，在课上我还可以给同学们设置更多的障碍，更加促使同学们灵活的掌握这个练习方法。

戏剧故事《神秘的礼物》教学方案

柴 鹤*

神秘的礼物

时间：初春

地点：上班路上，办公室

人物：初夏，学生家长，学生，交警

今天还是像往常一样是一个阳光明媚的日子，在初春的清晨时刻照在人的身上非常的舒服、温暖，是一个让人想出游踏青的天气。此时正是初夏，老师开车去上班的时候，在路上的时候觉得今天马路上的车也不是很多，一路很通畅，时不时会透过车上反光镜看看后面是否有车，每一次目光移到反光镜的时候都会觉得今日的太阳非常刺眼，心里就在想今天会不会有什么好事情发生呢？就在她这一次通过反光镜在太阳所射出来的光芒身上停留了几秒钟的时候，从右侧一个小路口上突然出现一辆红色的小轿车拐进了主路，由于红色轿车速度有些快而初夏老师也没有注意到，就这样两车身相遇在了距离学校还有一半的路途上。

这时初夏老师是有点懵的状态，因为她还是一个新手并没有处理过这种事情，正在初夏发懵的时候从红色小轿车上下来了一位装扮精致戴着黑色墨镜的阿姨，初夏赶忙下车去和这位阿姨沟通。但是这位戴着黑色墨镜的阿姨操着一口浓重的南方口音一直在埋怨初夏耽误了她去送儿子上学，

---

* 柴鹤：北京市昌平区平西府中心小学美术教师。

并与初夏老师起了争执。后来初夏老师实在不知道该怎么办，就打了交警电话，在等待交警来的时候，后面的路开始堵车，就有一位好心的车主过来告诉初夏老师应该在车后面 30 米处放置三脚架，这样就能够提前告知后面的车主提前并线，避免二次交通事故。在 40 分钟后终于等来了这位交警，显然那位阿姨已经很不耐烦了，开始和交警争论了起来，因为这位交警判罚红色小轿车为主要责任。

最后，这位阿姨还是同意了这起事故的判定，走保险修一下初夏老师的前车门。从头到尾，处理这起事故花了三个小时时间终于完事！初夏老师的车还能照常开，阿姨也着急去送孩子，所以两人约在周五的时候去 4S 店修车，就这样两人互相留了联系方式各自去了自己的目的地。最有戏剧性的一刻就是两人在事故现场离开后在学校的门口再次相遇了，并不是二次事故，而是那位阿姨的孩子居然是初夏老师所任教的学校，但初夏老师并不教那位小男生。两人也没有互相打招呼，就很尴尬的相视一笑离开了。

过了几天，就在一天的早上初夏老师还是照常上班，但是是一个阳光明媚的日子和那天发生那起交通事故的天气一样的好，下雨后的空气很新鲜，而且太阳照在人的身上很温暖，但是所不同的是太阳光并不刺眼。等初夏老师到了学校后，进到办公室的时候发现桌子上有一件神秘的礼物，没有留下纸条和任何信息，只是有一个装着很多张她最喜欢的偶像——易烊千玺的明信卡片！

教学设计

年级：六年级	人数：30人	授课教师：柴鹤	授课时长：40分钟

学情分析

六年级的学生们在这个年龄阶段个性很突出，一部分学生表现欲望很强，大部分的女生都会有些腼腆，需要两人或者两人以上才会上台进行表演。学生们接触戏剧课堂也有一段时间，对于戏剧的喜爱是只增不减的，兴趣很浓厚，学生们与老师的互动、学生与学生的互动就非常好的施展。

教学目标

1. 树立课堂规矩，让学生学会做好观众与演员。
2. 解放学生天性，培养学生的表达能力与沟通能力。
3. 逐步培养戏剧素养。

教学重难点

1. 逐步让学生能够以小组合作编排情景。
2. 联想生活的能力。

课前准备

纪律要求

重复课堂纪律要求，反复加深学生对规矩的认识。

（1）在戏剧课堂上，管好自己不要管其他人。

（2）相互尊重，作为观众时，要尊重舞台上观众的表演。

（3）不要相互之间发生冲突，有任何问题请找教师。

教学过程

一、热身操（兔子舞）

（1）猜猜我在干什么（10人为一组，分为三组）

10人为一组，分别进行抽卡片（卡片上写着各种动作）每人按照顺序进行表演。

如：包饺子、照镜子、开车等一些生活中常见的动作。

其他同学进行猜测

进行两轮猜猜我在干什么游戏后进入第二个游戏。

（2）猜猜我的心情（10人为一组，分为三组）

10人为一组，分别进行抽卡片（卡片上写着各种表情词），每人按照顺序进行表演。

如：开怀大笑、尴尬、生气、委屈等一些表达心情的词语。

其他同学进行猜测学的热身操，让课堂气氛活跃起来，使学生更快融入戏剧课堂当中去。

二、戏剧游戏

进行两轮猜猜我的心情游戏后进入情景小游戏。

情景游戏：

通过前两项的小游戏的练习后，结合做过的动作和表情进行随机组合（抽卡片），教师适当设定一个情景，学生们将进行表演（3~4人为一组，在一个情景中，自愿分组自愿进行表演）。

三、戏剧故事

根据情景游戏的分组（如果角色需要可以重新分组），每一组发一份"神秘礼物"的戏剧故事，给每小组5分钟的时间进行讨论，如何表现出这段故事的精彩部分（初夏老师与红色轿车车主进行争执、交警的到来怎么化解的这场矛盾、好心的车主对初夏老师的帮助）。

四、课堂总结

感谢同学们的表演，哪组的表演让大家喜欢啊？

（1）在游戏过程中出现的问题？

（2）在戏剧情境中出现了哪些问题？

（3）在戏剧故事排演中出现了哪些问题？

教学反思

1.在戏剧故事中排演就能看出学生们对于舞台感不强烈，不懂划分区域，对于舞台的空间感几乎就是没有的。对于人物的行动不能在规定的情境中使表演真实起来，不能通过联系生活将人物结合。

2.在之后的戏剧课堂中应该加深学生对戏剧理论知识（表演、台词）的理解记忆，尤其强调不要背台，不要笑场，台词要清晰且洪亮。

3.在进行情景或者故事表演时对敢于表演的同学应该加以表演，对于不好意思上台的同学加以鼓励，即便表现得不好也不能打消他的自信心和积极的态度。

戏剧故事《狼来了》教学方案

李 雯*

狼来了

时间：白天

地点：山坡、羊圈

人物：放羊娃、农夫、狼、山羊

从前，有个放羊娃，每天都去山上放羊。

一天，他觉得十分无聊，就想了个捉弄大家寻开心的主意。他向着山下正在种田的农夫们大声喊："狼来了！狼来了！救命啊！"

农夫们听到喊声急忙拿着锄头和镰刀往山上跑，他们边跑边喊："不要怕，孩子，我们来帮你打恶狼！"

农夫们气喘吁吁地赶到山上一看，连狼的影子也没有！放羊娃哈哈大笑："真有意思，你们上当了！"农夫们生气地走了。

第二天，放羊娃故伎重演，善良的农夫们又冲上来帮他打狼，可还是没有见到狼的影子。

放羊娃笑得直不起腰："哈哈！你们又上当了！哈哈！"

大伙儿对放羊娃一而再、再而三地说谎十分生气，从此再也不相信他的话了。

过了几天，狼真的来了，一下子闯进了羊群。放羊娃害怕极了，拼命

---

* 李雯：北京市东城区东交民巷小学数学教师。

地向农夫们喊:"狼来了！狼来了！快救命呀！狼真的来了！"

农夫们听到他的喊声，以为他又在说谎，大家都不理睬他，没有人去帮他，结果放羊娃的许多羊都被狼咬死了。

说谎是一种不好的行为，它既不尊重别人，也会失去别人对自己的信任。我们应该培养诚实的良好品质。

教学设计

年级：三年级	人数：30人	授课教师：李雯	授课时长：40分钟

学情分析

　　校园戏剧的文本创作是多种多样的，但是明确一些基本的创作技法是十分有必要的。

　　选材要严。不同阶段的校园戏剧都需要重视文本的选材，要选择适合学生创作的年龄阶段能接受的心理，能够认同和理解的文本是关键和基础。要根据作者的生活经验观察、认识，选取学生可以切身体会的生活范围、生活现象和具体事实作为基础进行艺术加工。开掘要深。在开展剧本的选择和创作时，教师需要带领学生一步步深挖剧本，在剧本中感受人物性格、故事脉络甚至可以引申到它对于创作者的意义，乃至社会价值。深度开掘，并不是要特意拔高主题，绝对不能主题先行，也不能搞说教，而是要通过具体的艺术形象进行再体验、再感受。人物要活。人物是一个很重要的要素，不可片面化、符号化。校园戏剧切记：要注意人物的语言要性格化，要有鲜明的动作性，要符合现实生活中的真实情况。

　　低年级学生，抽象逻辑思维刚刚萌芽，他们对于抽象文字语言的理解能力还很有限，因此以动物戏剧故事为主，以及根据他们的生理特点来进行生活习惯的故事的设计，从熟悉的生活取材，利于学生理解和表演，比如将家庭教育和学校教育进行部分延伸展重叠，引起共同作用。

教学目标

1. 理解故事内容并且"有声有色"地讲这个故事
2. 培养儿童诚实、不说谎的良好品质。
3. 从角色扮演中掺入"模仿"能力的培养。

教学重难点

1. 做到"有声有色"地讲故事。
2. 明白不要说谎的道理。
3. 理解角色之间在声音、体态上的差别。

课前准备
了解学生们具体的状况、投影、手偶等

教学过程

一、教学导入——树立教学目标

1. 询问学生谁讲故事是"有声有色"的,你最喜欢听谁讲故事,为什么?

2. 今天我们这节课,首先尝试着"有声有色"地讲讲《狼来了》的故事。老师可以给你们先"演绎"一遍,大家看看老师"演绎"得如何?

二、师生互动——推动智能互补

1. 在教师的引导下,使学生们进行自我的角色展示和表达,教师巡回指导,给予个别同学的特别的帮助。

2. 个人进行完自我表达之后进入到小组合作,并且在此过程中大家对于角色的理解、角色的声音、形态塑造进行讨论。

3. 小伙伴们讨论完之后,对于这个故事有没有自己的理解?"放羊娃"做的是对的还是错的呢?我们应不应该学习"放羊娃"?

三、班级展示——勇于表现自我

1. 通过互相促进、互相启发、教师引领等一系列准备环节,让学生们以偶、面具等多道具的模式进行独立的角色展示或者通篇故事的角色扮演。

2. 理解角色,深入故事。通过这个故事我们知道了什么道理,通过自己的理解复述故事并且谈谈你对故事主人公"放羊娃"的看法。

教学反思

在自我表达、小组合作中,有些同学浑水摸鱼,扰乱课堂秩序。

孩子们会有些急于求成,如果没有完成自己意愿或者打破他人的想法会引起争执。

戏剧故事《我叫彭铁男》教学方案

彭 楠[*]

我叫彭铁男

（改编王淑芬《我是白痴》）

时间：一天上午的英语课

地点：教室

人物：彭铁男、英语老师、同学们

（彭铁男，他的智商只有70，所以他的同学都叫他白痴。即使他一直被欺负，彭铁男还是觉得很快乐。）

彭铁男：我每天都很快乐。我认得"中""大""一"。我每天去给同学们提开水，路过操场时，我会停下来偷听榕树上的鸟叫。我还有一个朋友，叫"跛脚"，不过，你不能这样叫，他会生气的。我有一个妹妹，她不许我告诉别人说我是她哥哥，也不许我靠近她。可是有一次她摔倒了，很痛，她怪我不过去扶她，我就知道了，她摔倒的时候我可以当哥哥，我就希望妹妹常常摔倒。我叫彭铁男，不过多数人叫我"白痴"。

（一天上午，英语课）

英语老师：同学们，我们上节课学习了一个新单词"book"，是什么意思啊？

同学们：书本！

---

[*] 彭楠：北京市昌平区天通苑小学语文教师、艺术工作主管。

英语老师：很好！那下面跟老师一起念一下这个单词——book！

同学们：book！

（铁男认真地跟着老师读，但是他读的一直是"不可""不可"）

英语老师：铁男，你读得不对。不是"不可"！

（铁男脸变得通红，不好意思地低下了头，同学们窃窃私语。）

（英语老师走向铁男，站在他面前，低下头来，让铁男看她的嘴。）

英语老师："book"，看，尾音很轻，不要那么大声。

铁男：（努力地模仿）不——可，不——可。

英语老师：不对不对！又错了，你仔细看我的嘴！（她的嘴就像一条嘟嘴的接吻鱼）

铁男：不——可，不——可。（嘴巴翘得很高，连口水也喷了出来）

（英语老师仍然不满意，气呼呼地走向讲台。）

英语老师：（一边走一边说）：这个"白痴"，怎么教都教不会！

教学设计

年级：四年级	人数：30人	授课教师：彭楠	授课时长：40分钟

学情分析

小学四年级的学生随着主题意识的觉醒，逐步可以对班级中、社会中的普遍现象发表自己的判断和评论。学生已经初步形成了一定正确的"三观"，并且其价值判断会影响学生的一些行为。在思维方面，学生初步能够区分主要和次要内容，学会独立进行逻辑论证，但他们的思维活动仍然具有很大程度上的具体形象化。在想象方面，学生的想象力有意性迅速增长并逐渐符合客观事实，同时创造性成分增加。

随着学生情感的丰富，他们能够逐渐意识到自己的情感表达以及产生的后果，控制和调节自身情感的能力逐步加强。在道德情感方面，学生主要以具体的社会道德行为规范为依据，面对天真善良的彭铁男、热心帮助同学的"跛脚"、欺负弱小的丁同以及自私的家长都有社会上人们的影子，学生若能够通过戏剧课上对于校园剧的呈现，产生正确的价值判断，对学生的学习乃至生活都会产生积极影响。

教学目标

1. 根据戏剧呈现，分析角色关系，以及角色性格特点，把握人物心理与个性，探索人物社会关系。构建情景，准确把握戏剧表现的内容和立意，达到育人效果。

2. 通过戏剧呈现，教授舞台意识及规则，形成戏剧作品雏形概念。

教学重难点

1.（重点）培养学生树立积极、健康的观念。

2.（难点）通过戏剧呈现，达到感受人物、理解人物、走进人物、表演人物、提高艺术能力和表演基础素养的目的。

课前准备
热水瓶、杯子、课桌椅、纸花、音乐、PPT、游戏小纸条、红色和黄色卡片

教学过程

一、游戏感悟

1. 热身游戏

游戏时间：约 3~5 分钟。

游戏道具准备：每人红色牌和黄色牌各一张。

游戏规则：分别将两种颜色的牌子拿在两只手上，听老师指令作出动作。最终胜出的学生进入下一个情景游戏。例：（1）举起红色纸牌。（2）举起黄色纸牌。此时红色和黄色均被举起。

【设计意图：通过游戏的方式，让学生集中注意力，尽快进入到课堂中来。】

2. 情景游戏

游戏规则：由教师准备游戏小纸条，小纸条上写好不尊重别人的举动，如：

（1）A 对 B 说心里话，B 却一直做自己的事情来认真听，对 A 不理不睬。

（2）A 看到 B 摔倒了，冷嘲热讽："都多大了，还摔跤呢！真是笨死了，哈哈哈哈……"

（3）A 看到换牙的 B 门牙掉了一颗，嘲笑他："Z、C、S 都分不清，说话还漏风，哈哈哈哈……"

游戏过后，由扮演者和观众分别谈感受。

【设计意图：通过游戏的方式，既锻炼了学生的临场发挥能力，还让学生切身感受不被尊重的感受。】

二、戏剧感悟

1. 戏剧展演《我叫彭铁男》

2. 戏剧演员根据排练谈收获和感受

教学反思

其实我们每个人都是独一无二的，而且都有自己的长处和缺点，没有谁是十全十美的。比起"白痴"彭铁男，我们应该庆幸我们拥有健康的身体，快乐的童年。在这个大千世界里，我们能够遇到很多类似彭铁男这样的人，他们可能身体上不方便，可能智商和我们有所差异；他们也许是后天造成的，也许他们从出生就是一个不幸运的孩子。不论他们经历过怎样的不公平，他们都和我们一样，有着快乐生活的权利，有着为了梦想去奋斗拼搏的权利。我们都应该怀着一颗包容和友善的心去与他们沟通和交往，给予他们更多的关心和理解。一个人有再大的权利、再多的财富、再高的智慧，如果没有学会去关怀别人、去爱别人，那他的生命还有多少意义呢？人类最崇高的行为是"奉献"，人世间最温暖的力量叫"关爱"。让爱充满整个世界，让爱照亮我们的心灵。

戏剧故事《狼来了》教学方案
——以训练学生的创造力和语言表达能力为基础

彭玉雪[*]

狼来了

时间：每天放羊娃去放羊的时候

地点：山上

人物：放羊娃、农夫们

从前，有个放羊娃，每天都去山上放羊。一天，他觉得十分无聊，就想了个捉弄大家寻开心的主意。

放羊娃：（向着山下正在种田的农夫们大声喊）狼来了！狼来了！救命啊！

（农夫们听到喊声急忙拿着锄头和镰刀往山上跑。）

农夫们：（边跑边喊）不要怕，孩子，我们来帮你打恶狼！

（农夫们气喘吁吁地赶到山上一看，连狼的影子也没有！）

放羊娃：哈哈哈！真有意思，你们上当了！

（农夫们生气地走了。）

第二天放羊娃故伎重演。

放羊娃：（向着山下正在种田的农夫们大声喊）狼来了！狼来了！救命啊！这次是真的！狼就在山上！你们快来啊！

---

[*] 彭玉雪：北京市昌平区天通苑小学语文教师。

（善良的农夫们又冲上来帮他打狼，可还是没有见到狼的影子。）

放羊娃：（笑得直不起腰）哈哈！你们又上当了！哈哈！你们真好骗！太好玩了！

（农夫们对放羊娃一而再、再而三地说谎十分生气，从此再也不相信他的话了。）

过了几天，狼真的来了，一下子闯进了羊群。放羊娃害怕极了。

放羊娃：（拼命地向农夫们喊）：狼来了！狼来了！快救命呀！狼真的来了！真的是狼！啊！救命啊！！！

（农夫们听到他的喊声，以为他又在说谎，大家都不理睬他，没有人去帮他，结果放羊娃的许多羊都被狼咬死了。）

教学设计

年级：三年级	人数：30人	授课教师：彭玉雪	授课时长：45分钟

学情分析
学生喜欢教育戏剧这种新型的课堂模式，在课堂中学生能够积极、大胆地表现自己，同学之间能够相互合作完成表演任务。由于学生都是初次接触教育戏剧课，在角色扮演、故事表演中，学生很难快速进入角色，会有学生缺乏舞台感、镜头感。在观看他人表演时，不明确自己的任务影响他人表演。教师在任务布置前提前讲明要求，例如角色的投入、表演的完整、舞台的站位、观众的任务等。

教学目标
1. 学生能够积极地参与表演，在小组活动中学会与他人合作，并能自信地向全班同学展示。   2. 学生扮演不同的人物角色，从不同的角度看待问题，激发学生想象力、创造力以及语言表达能力，同时学会理解他人，帮助他人。

教学重难点
1. 学生发挥想象力，进入角色情绪表演的能力。 2. 有逻辑性地语言表达。 3. 从不同的角度看问题，学会理解、帮助他人。

课前准备
课前组织：常规训练——拍手回应老师：在活动当中，如果你听到了这样的拍手声（拍手），请你立即停止你的声音和动作，重复一遍老师刚才拍手的节奏，来保持安静。（带着学生做几次）

教学过程

一、暖身游戏（设计意图：通过情绪对话的暖身游戏，让学生的心理、身体得到放松，同时让学生初步进入戏剧课，激发学生大胆表现自己，为接下来的表演活动做好铺垫。）

情绪对话"狼来了""救命啊"

师：首先，我们一起来做个小游戏，放松放松。同学们，请你们想象，如果我们前方突然出现了一群狼，这时听到有人叫到"狼来了"，一般情况我们喊什么来呼救？

生：救命啊！

师：等会儿由我来说："狼来了"，请同学们一起回应：救命啊。我在说"狼来了"的时候请同学们观察我的情绪和动作，而你们在回应"救命啊"的时候要模仿我刚才所做的情绪和动作来说。（再请学生带着说几次）

二、范式A（设计意图：教师创设情境激发学生表演兴趣。通过表演培养学生的想象力、创造力、语言表达和小组合作的能力）

1. 老师入戏——老师扮演村长，线索材料—— 一封信

师：当老师戴上这副眼镜的时候，我就变成了羊村的老村长，当我取下眼镜的时候我就变回了老师。（师扮演老村长，请学生帮忙念出信封上的内容，并请学生帮助他了解信中的事情，学生认真阅读聆听。）

2. 电视直播、故事重现

A. 师讲小组任务，学生聆听

师：既然羊村的村长向我们寻求了帮助，那我们就想想办法帮村长搞清楚这个事情。接下来，我会为大家分成4个小组帮助村长，分别有两个小组担任电视台采访任务，两个小组担任故事重现任务……

B. 师以报数的形式分组，抽取任务卡

师：报1的为1小组，报2的为2小组……请大家迅速找到自己的组员（自由找空地）。老师这里有四张任务卡，有两张是电视台采访任务，有两张是故事表演的任务，任务卡上还有重要的表演秘笈，大家可以根据上面的提示来完成你们的表演。（请学生上台抽）

C. 分组展示，老师、学生分别对表演进行评价

（生先评，师后评。评价点：语言表情动作、小组合作、舞台站位、镜头感、创意）

三、范式B（设计意图：老师扮演牧童坐针毡，了解牧童背后的故事，让学生用积极的眼光去看待牧童；学生站观点，可以看到学生对弱势群体的持有的观点与角度；扮演各界专家，用第三者的身份解决问题帮助牧童。）

1. 老师入戏——牧童，坐针毡→（由于扮演者坐在位置上仿似被审问，有如坐针毡的感觉而命名。）

老师扮演牧童引导学生把事情原委弄清楚，牧童撒谎的原因、感受、将来的打算等，全方位地了解事情，引导学生用积极的眼光看待牧童。

2. 观点与角度

了解了事情原委后，让学生站观点，是否原谅牧童：无条件原谅—可以原谅，但是有一定条件—矛盾—不原谅，但至少告诉他这是错的—决不原谅。

师：每位同学都用不同的观点和角度看待牧童，大多数同学觉得我们应该去原谅他、包容他，不过前提是他得为他所做的错事负责任，并且以后再也不撒谎。相信羊村的村长会听取大家的建议的。

3. 专家外衣、PPT放音乐进入，放松舒缓

师：伤心、后悔的牧童得到了大家的原谅后，他怎样去度过今后的生活呢？

请学生扮演不同各界专家为牧童设计重建生活的方案，比如旅游局局长、教育专家、电视台主持人、医学专家。设计好后，将方案写下来，写完后请学生来到信箱面前说出方案，再将方案投放至信箱中。

四、小结

师：谢谢各位专家暖心的帮助，牧童一定会以全新的面貌，以积极、健康的心态去迎接他今后的生活。今天的课就上到这里，同学们再见！

教学反思

本节课由暖身游戏（情绪对话）—老师入戏—电视直播、故事重现—坐针毡—观点与角度—专家外医这几个环节构成，运用范式进行教学，将戏剧故事与课堂完美结合。学生们的反应与课堂效果整体还是不错的。

戏剧教育教学方案
——以培养学生相互团结为目标

林 熠[*]

教学设计

年级：二年级	人数：30人	授课教师：林熠	授课时长：40分钟

学情分析
《海浪传递》这个游戏是《电流传递》的衍生玩法，目的是为了后面《小黑鱼》的绘本改编做铺垫，帮助理解团结就是力量这个道理，并培养学生遵守规则的意识。 　　小鱼动物模拟和戏剧游戏都是为了后面《小黑鱼》绘本改编做铺垫，绘本中有不同情绪的小黑鱼和大家一起组成大鱼战胜困难的情节，把这些难点分散到形体训练中，既有趣又有助于后面排演。

教学目标
1. 形体训练《海浪与鱼儿》，并练习小鱼的动物模拟。 　　2. 通过戏剧游戏《海浪传递》感受团队合作的力量。 　　3. 通过形体训练和戏剧游戏的感受，对绘本《小黑鱼》进行绘本初步分析改编。

---

[*] 林熠：北京市昌平区原天通苑学校语文教师，现在昌平一中。

教学重难点

1. 通过形体训练和戏剧游戏让学生感受到团队合作的成果，和不遵守团队规则的后果。

2. 对绘本《小黑鱼》进行初步分析改编。

课前准备

播放歌曲《我们的家园》(歌词：拉起双手大声喊，我们力量最大哩……这个故事告诉你，团结就能得胜利！)。

老师：在这首歌里你听到了什么道理？（团结就能得胜利。）

老师：今天这节课就让我们一起感受团结的力量。

分小组，同学们手拉手围成一个圆圈，小八字脚站立，模仿波浪。中间一名同学，模仿小鱼。外圈同学手在胸前做小波浪手，脚下摇摆步8次为一个8拍。中间小鱼同学小碎步随节奏穿梭，2个8拍换一位新同学来做小鱼。

教学过程

一、游戏规则

教师和同学们围坐一圈，手牵手，闭上双眼。由教师开始用手臂模仿海浪，并由老师决定海浪的大小力度，学生通过感受判断海浪的大小并传递给下一个同学，依次往下传递直到最后一名同学。每一位同学都要专心、认真地感受，齐心协力将"海浪"传递下去。学生熟悉规则后，教师可以改变海浪的节奏加大难度。

注意事项：

1）游戏过程中要紧闭双眼，并且安静专心感受。

2）游戏中大家是一个团队，不要违反游戏规则或者恶作剧故意破坏。

二、动物模拟：小鱼游

先让学生说说小鱼游来游去的样子，再充分利用自身形体模拟小鱼游来游去的样子，掌握基本模拟动作之后加大难度，赋予小鱼心情再模拟：伤心的小鱼、快乐的小鱼、害怕的小鱼等。几个同学共同组成一条大鱼再模拟大鱼游来游去。

三、形体训练《海浪和鱼儿》

1. 准备：分小组，同学们手拉手围成一个圆圈，小八字脚站立，模仿波浪。中间一名同学，模仿小鱼。

2. 外圈同学手在胸前做小波浪手，脚下摇摆步8次为一个8拍。中间小鱼同学小碎步随节奏穿梭，2个8拍换一位新同学来做小鱼。

四、《小黑鱼》改编构思

1. 绘本《小黑鱼》讲述了大海的一个角落里住着一群小鱼，大家都是红色的，只有一条是黑色的。有一天，一只凶猛的金枪鱼吃掉所有的小红鱼，只有小黑鱼逃走了。它孤身一人在海里游荡，遇到了很多稀奇古怪的生命，又高兴起来。小黑鱼又遇到的一群躲在礁石后的小红鱼，为了生存，不再躲避，它想了个好办法，教它们游成大鱼的样子，而自己来当眼睛！就这样，它们在清凉的早晨游，在明媚的中午游，把大鱼都吓跑了。选用这个绘本意在让学生通过排演理解"团结就是力量"这个道理。

2. 引导参与创作。在读过故事明确故事思想内涵是"团结就是力量"之后，让学生思考：（1）小黑鱼一共经历了几件事？分别是什么心情？用这两个问题帮助学生段落划分。（2）小黑鱼在每一件事中都遇到了什么样的困难？哪个困难是最艰巨不容易战胜的？用这个问题帮助学生分析矛盾冲突。（3）故事中谁是最主要的人物？其他人物与他什么关系？用这两个问题帮学生分析人物关系，并讨论角色比较少，我们可以增加哪些人物和人物之间的对话？

通过师生共同阅读绘本并分析之后，从细节出发挖掘人物的潜台词，而且要把书中语言台词化，因为绘本中的文字较少，大部分的对话是通过学生讨论分析创造出来的，确定这些台词能够充分表现人物性格、思想，通俗自然而且精练准确，并适合舞台表演，同时如果人物较少可以增加角色，但都要围绕一条行动轴线增加人物，不能随意增加跟主题关系不大的人物，让短小的故事变得更加丰满，通过让矛盾尖锐化使道理表现得更加明显深刻。

戏剧虽然是以表演艺术为中心，但是故事的意义并不是仅以表演为中心，学生也有并不感兴趣的一部分，这时老师可以引导这些学生参与舞美、服装设计与制造，音乐音响的设计与操控。

教学反思

1. 在今天的课上你有哪些收获？

2. 今天我们共同走进了绘本《小黑鱼》，通过分析我们确定下来了角色和初版剧本，下次课让我们一起排演里面的小故事，继续感受团结就是力量。

戏剧教育教学方案
——以训练学生的注意力为目标

肖 飞[*]

教学设计（一）

年级：三年级	人数：30人	授课教师：肖飞	授课时长：40分钟
学情分析			
三年级的同学刚刚适应从幼儿园到小学生的角色转换，学生进入少年期，由于生活经验不足，他们在学业与生活里自我调节能力没有形成，自控力、注意力不强。需要通过实践性强的训练来提高他们的注意力，进而渗透到学生平日的生活与学习行为中，提高其独立思考的行为和能力。			
教学目标			
培养学生注意力集中的能力，养成在创作中具有真听、真看、真思考的能力。			
教学重难点			
学生需要注意力高度集中以完成教学训练，过程中需要调动身心、真实感受。引导学生寻找具体目标，以保证注意力集中。			
课前准备			
教师、学生穿易于活动的服装和鞋。			

---

[*] 肖飞：北京市东城区分司厅小学大队辅导员。

教学过程

环节一：游戏《爱的抱抱》

游戏导入，让学生充分参与到课堂中来。第一步，让学生在空间走动，充分对空间有所认知，有空间感。第二步，游戏开始，先由老师当指挥官，学生在空间进行随意走动，随后由指挥官喊出："爱的抱抱"，喊几遍之后，随机说出一个数字。例如：3，然后3个学生抱在一起，如果只剩某1个人或2个人，则不符合3人一起，那个人则会被淘汰。

通过本活动，先让学生充分感知空间，训练注意力。随后第二轮游戏由某一位学生作为指挥官。

本环节预计10分钟。

环节二：观察对手练习

第一步：两个同学为一组。教师不提任何要求，只让一个同学去观察另一个同学两分钟。两分钟之后，教师可以向观看的同学提出："在这两分钟里，你是不是一直在看他？思想有没有开小差？你的对手今天的发式是什么样子？他的上衣口袋的扣子扣上没有？"这样一些具体的问题。

学生反馈：学生对于大面上的问题可能会回答出来，但是对于比较细微的地方就难以回答。在两分钟里就把注意力集中起来是比较困难的。

教师指导语：演员在舞台上把注意力集中在一个对象上仅仅两分钟的时间也不是那么容易的事情，然后教师再向观察的同学提出新的要求。

第二步：请学生认真注意对手的服饰，并且记住对手穿戴的样子。此后，让他背过身去，而被观察的同学可以在自己的服饰上做三处改变。例如：把袖口稍稍挽起一点，把衬衣的扣子解开一个，把鞋带松开等。这时让观察过的同学转过身来，去找出对方所改变的地方。看看能否发现这些改变。

第三步：两个同学相互交换，被观察者变成观察者，再做一次。

第二个环节用时25分钟。

环节三：教学总结

教师总结：两个同学都做完之后，教师引导学生去发现前后两种观察之间的区别在哪里。

学生总结：当有了一个具体的目的时，注意力就比较集中了。

总结5分钟。

教学反思

1. 当两个同学都做完之后,教师进一步引导学生去发现前后两种观察之间的区别在哪里,会加强对学生注意力的训练,同时锻炼学生独立思考的能力。

2. 当有了一个具体的目的时,学生的注意力会比较容易集中。

教学设计（二）

年级：三年级	人数：30人	授课教师：肖飞	授课时长：40分钟

学情分析
三年级的同学刚刚适应从幼儿园到小学生的角色转换，学生进入少年期，由于生活经验不足，他们在学业与生活里自我调节能力没有形成，自控力、注意力不强。需要通过实践性强的训练以提高他们的注意力，进而渗透到学生平日的生活与学习行为中，提高其独立思考的行为和能力。
教学目标
培养学生注意力集中的能力，养成在创作中具有真听、真看、真思考的能力。
教学重难点
学生要充分调动"七力四感"，认真观察对手、接受刺激并且迅速给出反应。
课前准备
教师、学生穿易于活动的服装和鞋。
教学过程

环节一：游戏《猜首领》

　　游戏导入，让学生充分参与到课堂中来。第一步，在学生中选出首领和入侵者，剩下的同学为平民，围成一圈。游戏开始，首领开始做动作，平民跟随首领一起做。随后入侵者进入到圆圈中间，开始仔细观察，谁是首领。

　　通过本活动充分调动学生积极性，参与到课堂中来，同时训练学生观察能力。

　　本活动大约用时10分钟。

环节二：干扰阅读练习

本活动事先要选好一篇文章，请五位同学坐在台上阅读。同时要求其他同学在他身旁说笑话，尽量想办法把阅读者逗笑，阅读者要努力集中注意力去阅读，如果没有读完文章前被逗笑了，就算失败。如果阅读完了还没有被逗笑，并且能够复述出文章的内容，就是胜利。在做练习时，其他同学只能说话，不可以去接触阅读者的身体。

通过本活动训练学生的注意力练习，不被外界所干扰。

本活动大约用时10分钟。

环节三：镜子练习

第一步：两个同学一组，相互面对面站立。开始时，同学A想象自己是一面镜子。同学B是照镜子的人。要求学生B做一些与照镜子有关的动作，如梳头、刮胡子、整理衣服等。A则必须认真地模仿B的动作，尽可能地做到与B同步。

本环节做两次，这时A、B两同学相互调换，A照镜子，B模仿，重新开始做这一练习。

本活动大约用时15分钟。

教学总结：

练习做完后，询问学生有什么发现。

"作镜子的同学怎样才能使自己与照镜子的同学做到同步的状态？""照镜子的同学又怎样使作镜子的同学跟上自己的动作？"从而讨论。

总结大约用时5分钟。

教学反思

完成训练后，教师引导学生回顾与反思行课过程，进一步让学生体验身体行动法，更有利于提高学生对注意力的训练效果。

二
戏剧教育思考

通过实践总结戏剧教育协同方式和教学的经验

小学戏剧教育在学生心理建设方面的作用与实践

韩 旭[*]

内容摘要：戏剧教育具有艺术性、综合性、多元性等特点，是对儿童进行艺术教育和综合教育的有效途径。近年来，我国相关政策对戏剧教育给予了极大支持，而学校层面对戏剧教育也充满期待。实践中，北京市东城区回民实验小学以戏剧教育为特色，开展语文剧场、德育剧场、心理剧场，还以这些形式为载体，将真实的生活作为课程的学习内容，把"和·美"校园打造成为安全的学习场、体验场和研究场，在区域内起到了示范引领作用，并将教育实践的经验传播、分享，实现着教育最本真的价值。在今后，进一步发掘戏剧教育的育人功能，使各学科更好地与戏剧融合，以贴近学生真实的生活情景、多样化的舞台展现方式形成多元化的戏剧特色是推进的重要方向。

关键词：戏剧教育 教育剧场 心理素质 建设"和·美"校园

一、戏剧教育的概念及作用

（一）戏剧教育的概念

当前，学界关于戏剧教育或教育戏剧的议题越来越多，但运用比较混乱，有必要先区别一下"戏剧教育"和"教育戏剧"这两个概念。

---

[*] 韩旭：北京市东城区回民实验小学数学教师。

戏剧教育（Drama Education），是与音乐教育、美术教育等相对而言的单科艺术教育，属于门类艺术教育中的一种。戏剧教育有狭义和广义之分，狭义的戏剧教育，是指专业戏剧教育，由专业艺术院校承担，培养编剧、导演、演员及舞美音效等专门的戏剧从业人员；广义的戏剧教育，是指非专业的戏剧教育，它面向社会全体人群，旨在培养全面发展的人，是戏剧融入教育的一种方式。非专业戏剧教育又可分为"学校戏剧教育""社群戏剧教育"等，前者由学校承担，适用于全部在学人群，隶属于学校艺术教育范畴；后者由社区或社会机构承担，面向一般社会群体，又常用"社区戏剧教育""剧场教育"来概括。

而教育戏剧（Drama in Education, DIE），是20世纪初期英国将戏剧列入学校课程之后逐渐发展起来的一种教学方法，是指运用戏剧与剧场的技巧，从事于学校课堂教学的统称，体现的是一种教学方式和理念。换句话说，教育戏剧"是一种教学上的应用戏剧，不是训练，不是表演娱人，而是教与学之间的新关系"。教育戏剧的基本理念，就是以戏剧活动引导学生参与教学内容的整个过程，将戏剧作为媒介来统整其他学科教学。

戏剧与教育，自古以来就有着千丝万缕的联系。戏剧与生俱来的教育性质，使它在人类文明的发展中，一直被用来作为一种教化的方式。在西方，戏剧教育有着悠久的历史传统，古希腊雅典城邦的公民教育中，戏剧教育是其中重要的一部分，政府甚至给公民发观剧津贴。我国古代的"六艺"中，也包含着戏剧教育的元素。但戏剧教育理论的系统化和戏剧教育方式的多样探索。经过半个多世纪的发展和不断探索实践，戏剧教育至今已发展成为一大艺术教育门类。目前英美等发达国家的不少大学都开设戏剧教育专业的课程。当前，戏剧教育在我国也越来越得到教育部门和有识之士的关注与重视。戏剧教育既有着悠久的历史传统，又能适应教育现代化的需要，契合当代教育的发展趋势。当然，本文所指涉的戏剧教育，是非专业的学校戏剧教育，即学校范围内以教学育人为宗旨的戏剧教育实践活动。

（二）戏剧教育在学生心理建设方面的作用

何谓"心理素质"？教育心理学家张大均认为："心理素质是以生理条件为基础的，将外在获得的东西内化成稳定的、基本的、衍生性的，并与人的社会适应行为和创造行为密切联系的心理品质。"当今社会，对于生活在转型年代而且大多数为独生子女的大中小学生来说，良好的心理素质显得尤为重要。心理素质教育就是要培养学生健康的心理、健全的人格、良好的适应能力，塑造学生自知、自尊、自信、自主、自律、自强等心理素质，它是心理健康及社会适应教育的最重要的内容之一。开展心理健康教育不仅是学生健康成长的需要，是实施素质教育的目标之一，而且也是社会发展对教育的必然要求。在各种各样的心理健康及社会适应教育的方式中，戏剧教育是一种非常有效的方法和途径。在国外，利用戏剧艺术原理的"戏剧疗法"已是一种很成熟的心理治疗方法，常与药物相结合用于专业治疗。不过，对于普通学生的心理障碍和心理行为问题，笔者认为可以依托学校，通过开展学校戏剧教育，同样能够比较有效地达到心理健康及社会适应教育的目的。

在戏剧教育过程中，施教者与受教者相互融合、共同努力，提高广大受教者的戏剧审美能力，即对戏剧艺术的感受能力、创造能力及鉴赏能力，使受教者的人生观念、行为方式、心智能力都得到了培育，从而实现对人的塑造。戏剧教育的终极目标与心理健康教育的总目标相一致，都致力于人格教育，尤其有助于提高学生的心理素质和适应能力。

具体说来，主要包括以下几方面：

1. 戏剧教育能发展学生的自我意识，养成良好的心理品质

戏剧是综合艺术，它融文学、音乐、舞蹈、美术、雕塑、建筑为一体，在人物动作中展示社会冲突。在所有艺术门类中，戏剧是离人最近的艺术，最容易激发人们对生活的联想，也最能够为人所理解和接受。戏剧强调情感体验和感悟，学生在参与表演时凭借自己对角色的理解和本身的生活经

历诠释角色，在扮演角色的同时也是在反思自我、认识社会、体悟人生。扮演不同的角色，可以体验不同的人物心理，从中获取积极的人生经验。戏剧教育对学生心理健康及社会适应的影响，突出地表现在它能修正与发展学生的自我意识。孔子说过："知己者明，知人者智。"良好心理素质的重要标志是有良好的自我意识，能正确认识自我和评价自我，形成自信、自强、自立的良好品质，才能适应社会环境并作用于社会环境。参加戏剧活动，对学生自我意识的发展起着重要作用。

2.戏剧教育能完善学生人格，提高道德水平

人格是人的性格、气质、能力等特征的总和，也是人所有稳定的心理特征的总和，尤其侧重于人的道德品质。心理健康的最终目标就是培养出健全和谐的人格，而这也正是戏剧教育的终极目的。对于从六七岁开始接受学校教育的学生来说，整个求学阶段正处于身心成长时期，也是其性格、行为习惯形成和道德观念确立的关键期，有着很大的可塑性。但任何简单抽象的道德教化，都容易被学生抗拒。学生需要的是直观形象、入眼入耳的道德教育，是润物细无声，而不是强制性的灌输。儿童剧、校园戏剧能够避免灌输式的说教，它把社会道德内容化为舞台艺术形象，借助艺术形象的感染力，通过心与心的交流和灵魂的叩击，帮助参演者和观看者树立起良好的道德情操，在潜移默化之中培养学生的道德素质和健全人格。

3.戏剧教育能提高学生的表达沟通能力，培养合作精神

沟通能力即表达和理解他人的能力，语言、动作都是表达沟通的最重要手段。戏剧是语言和动作的艺术，要说好台词，必须发音正确、口齿清楚、声音响亮、饱满、说话流畅、富有感情，还要有简单得体的姿势语言辅助表演。为了演好戏，平时更要经常作语音、语调、语气方面的发音训练，务必使说话优美动听，富有感染力，不仅要思考"说什么"，还要琢磨"怎么说"。所以，学生参加戏剧活动，可以提高语言表达能力、与人交流的能力。

二、推进戏剧教育成果及展望

学校戏剧教育的开展方式多种多样，可以是课程形式的学科性戏剧教育，如戏剧表演课、戏剧鉴赏课、包含戏剧在内的综合艺术课程等；也可以是把戏剧作为一种教学法运用于其他学科教学的渗透性戏剧教育，如角色扮演、情景对话、情境教学法等；抑或是以人物扮演、课本剧表演、校园剧演出、心理剧编演等形式展开的活动性戏剧教育。多种层面的戏剧教育实践模式可以在学校范围内同时开展、并行不悖，这样才能使戏剧教育深入人心，成为学生身心健康和人格发展的助力。

（一）推进戏剧教育成果

北京市东城区回民实验小学是一所有着105年历史的多民族学校，有着独特的历史气息和文化脉络。学校以戏剧教育为特色，为全校师生提供展现自我的平台，以开展语文剧场、德育剧场、心理剧场等方式，通过戏剧的形式让师生从角色中定位自己、提升自己，达到提升心理素质、完善人格、提高水平的目的，育人于无痕。

1. 当童年遇上戏剧——东城区回民实验小学2016金帆艺术团展演季专场演出暨戏剧课程成果展

回民实验小学金帆艺术团班级剧组、年级剧社、学校剧团分别进行语文剧场、皮影剧和歌舞剧的展演。语文剧场以自然班为单位，为学生提供了学习语文的情境场、体验场、实践场，把学习探究过程多维立体呈现，用戏剧教学方式，培养学生的语文素养。演出现场呈现了古代传说《西门豹》的教学片段，学生在小剧场中与剧中人物对话、讨论剧情、展示自身成长过程等，真正"让学生站在学习中央"。本次金帆艺术团展演季将历时一个月，既是该校金帆艺术团活动阶段性成绩汇报，更是学校"和·美"

戏剧教育课程实施成果展示。6月3日之后，学校还将继续推出"当童年遇上童话剧""当童年遇上科普剧""当童年遇上寓言"等系列课程，全方位、立体地呈现以戏剧为载体的全人教育的实施过程。多年来，回民实验小学坚持戏剧教育的办学特色，探索并实践戏剧教育课程一体化实施路径。在校园里，民族教育和艺术教育相得益彰。

2. 生命至上，平安成长——2017金帆30年东城区回民实验小学展演季暨高参小项目成果展

金帆艺术团年级剧社、学校剧团、歌舞团分别表演了食品安全剧、防拐防骗剧、心理歌舞剧和民防安全剧。这些不同主题的安全剧既是舞台表演，也是一节节生动的安全课，素材均来自学生的真实生活，通过戏剧浸没式艺术加工，使演员和观众在演出过程中都置身于仿真实的情境中，一同学习安全应急知识，体验危险来临时的紧张心境，感悟平安对生活的重要。也是落实《北京市中小学养成教育三年行动计划》健康安全培养目标的重要举措。

课程中，学校分年级制定了安全教育的培养目标，将真实的生活作为课程的学习内容，紧密围绕学生在成长中可能遇到的安全问题，与环境戏剧的开放形式相结合，引导学生自主设计课程，构建角色扮演、案例分析、科学探究、互动游戏、心理导读等安全学习新模式，并充分利用生活大舞台，发挥课程服务与供给的作用，引导学生将课程所学以公益服务的形式回馈社会，让学生从课程的受益者成长为课程的传播者，参与社会生活、履行公民角色，提升公民素养。在东城区深化教育领域综合改革"健康·成长2020"工程中，在北京市教科院课程中心、中央戏剧学院、东城区教育委员会的指导下，把"和·美"校园打造成了安全的学习场、体验场和研究场，在区域内起到了示范引领作用，并将教育实践的经验传播、分享，实现着教育最本真的价值。

校园戏剧使参演的学生和观看的学生形成双向互动。这种艺术欣赏互动表现在两个层面。

一是精神共享。学生在观看同龄人演出的时候，精神参与具有移情作用，即观众的内心体验越深，交流效果越好。

二是直接参与。学生直接参与戏剧创作实践活动，可以提高自我表达与群体协调的能力、观察与分析社会人生的能力，从而健全个性。

（二）推进戏剧教育的展望

1. 转变教育观念，进一步发掘戏剧的育人功能

戏剧教育是一门统整的学科，在中小学开展戏剧教育要体现各学科交叉的综合性。戏剧教育活动的开展要采取课内与课外相结合的方式。学校可定期组织学生到剧场观看、观摩各种戏剧演出。戏剧教学应以在教室内的学习为主，其主要目标是让学生从戏剧学习中得到应有的认知。

2. 探索戏剧教学法，积极开展学科渗透

在探索学校戏剧教育体系建设方面，可以尝试将戏剧性表演纳入语文及其他学科教学之内，通过戏剧课程构建一个有机整体。戏剧使各个学科都融入这个大的艺术舞台上去，通过开设不同的学科剧场创造多样化的舞台呈现形式，让戏剧更生动而多元。

3. 组织师资培训，加强戏剧教育后备力量

一般现职教师早已具备了教学的基础能力，其所需加强的是戏剧与剧场在一般课程内的应用能力。教师可通过创作性戏剧、教育剧场、儿童剧场及表演学、编剧学、导演学、剧场技术等相关专业学习来提高自身的戏剧教育教学能力。因此，为了让学校开展的戏剧教育更加常规化和有组织化，还要对教师进行培训，加强戏剧方面的教育，使教师初步具备剧本整合、改编与创编的能力，全面提升教师的综合素养。

4. 放眼世界戏剧教育，整合资源促进发展

拓宽学校戏剧教育资源，积极获取专业艺术团体支持，是中小学戏剧教育发展的有力途径之一。在以后的研究实践中，戏剧课程的研发要做到系统、具体，符合不同年龄段学生的心理发展特点，以体现戏剧教育的日常化、实现戏剧教育的全员参与，促进学生全面发展、健康成长，使得我国中小学戏剧融入更多优秀传统文化教育内涵，逐步构建起立体多维、综合延伸的具有中国特色的课程体系。

参考文献：

[1] 吴颖惠:《中小学戏剧教育区域创新实践探索》,《创新人才教育》2016年4月。

[2] 黄爱华:《戏剧教育：学生心理健康及社会适应教育的有效方法和途径》,《杭州师范大学学报》(社会科学版) 2011年3月。

[3] 黄爱华:《戏剧教育的基本理念及其运用》,《戏剧艺术》2010年1月。

戏剧教育课程的开发与应用

彭 楠[*]

内容摘要：戏剧教育是美育的重要组成部分，是实现素质教育的有效途径之一，是培养全面、和谐发展的人的重要方式。开展戏剧教育也符合当前新课改理念，有助于培养学生的审美情趣素养。本文主要研究如何进一步把戏剧教育课程常态化，成为一门学科，使戏剧教育课程化，得到推广普及。

关键词：课程开发　戏剧教育　戏剧课程　管理机制

戏剧教育是一个全人的教育，优质的戏剧教育能够促进人的德、智、体、美、劳等方面的全面发展。在西方，戏剧教育涵盖了文学、音乐、舞蹈、表演、美术等学科，是一门综合的艺术教育课程。戏剧教育已经渗透到孩子成长的各个阶段，成为促进孩子成长的重要课程。它内生的体验式学习更是西方所倡导的体验与活动式教育最好的实践方式。

对于学生来说，戏剧教育除了具有丰富感知、陶冶性情、寓教于乐、培养道德、完善人格、获得知识等方面的作用外，还可以增强他们的角色意识，提升语言交流、想象力、创造力，在公众场合的自我表现、才艺发展、团队合作精神等多方面的能力，提高综合素质，促进全面发展。同时，由于承载着丰富的社会人文内容，戏剧教育还能对人的思想情感产生道德、审美等多方面影响，对青少年的智力开发、人格形成、个性发展、体能锻炼甚至劳动意识的培养都具有重要作用，促进学生在德、智、体、美、劳等方面协调发展。开展戏剧教育也符合当前新课改理念，有助于培养学生

---

[*] 彭楠：北京市昌平区天通苑小学语文教师、艺术工作主管。

的审美情趣素养。

随着"高参小"（美育协同）项目的有力实施，中央戏剧学院参与天通苑小学戏剧教育工作已经是第三年了，无论是从师资力量，还是理论依据及实践指导上，都给予了我校大力支持，使我校有了更强的能力进行戏剧教育的探究与开展。面对好的机遇，如何进一步把戏剧教育课程常态化，使戏剧教育得到推广普及，是我们急需解决的问题，也是我们今天提出此项课题的主要目的和意义所在。

一、研究目标与内容

（一）研究目标

1. 完善学校戏剧教育课程的管理机制

学校课程是学校教学内容的重要组成部分，若想使戏剧真正成为学生课程的一部分，就需要有明确的管理机制，逐步形成适应地方、学校和学生特殊需要的，体现天通苑小学办学特色的学校课程体系。

2. 开发戏剧教育校本教材，完善课程资源

若想使校本课程真正的学科化，首先应该开发相应的学科教材及完整的课程资源，以便任课教师经过短期的学习培训就能上岗教学。将灵活的课程规范化、模板化呈现给教师，教师再根据教材内容，使每个班级学生的状态个性化和多样化。

3. 探索戏剧教育课堂教学模式

在区教委领导的组织下我们积极和中央戏剧学院取得联系，通过集体会议和中戏领导老师学校的实地考察，成立了天通苑小学戏剧教育团队，制订教学方案等等，为我校戏剧课程的顺利开展奠定了基础。我们一直在努力，使戏剧真正走进课堂，把戏剧课堂交给孩子，做到以学生为主体、

老师为辅的课堂模式，充分发挥和解放孩子的天性。

4. 建设戏剧社团

建设并扩充戏剧社以及英语戏剧社，在自然班级中选拔戏剧人才参加训练。在教师中选择热爱戏剧的老师担任社团教师并进行师资培训。

（二）研究内容

1. 建立健全学校戏剧教育课程的管理机制

加强对学校戏剧教育课程的管理，形成天通苑小学与中央戏剧学院、学校教师与专业教师、戏剧教师与班主任教师、学校教师与家长等分工明确、相互配合的管理机制，促进戏剧教育课程的有效开展。

首先戏剧课程的开发应以学生发展为本，戏剧课程的研究与开发活动必须考虑学生的需要、兴趣与经验，一切从学生的健康需要出发。学校戏剧课程旨在通过戏剧教育，使学生提高艺术素养，培养学生感受美、表现美、鉴赏美、创造美的能力，陶冶情操，发展个性，启迪智慧，激发创造能力，全面提高素质。其次，戏剧课程的教学要重视学生学习方式的转变，尽可能地采用合作、参与、探究和体验等有助于学生主动学习的学习方式。在鼓励教师及有关人员创造性地开发课程的同时，也要明确各自职责，加强教学和教材的规范管理。充分挖掘和利用校内外课程资源，注意发挥家长和社会力量的作用。

2. 研发我校的戏剧教育校本教材，使我们的课程系统化、规范化

校本教材是校本课程实施的重要载体，是课程开展的依据。组建戏剧教育校本课程开发小组，整合戏剧教育课程资源，研制出一套完善的戏剧教育校本教材。

目前我校共有36个教学班正在进行每周一次的戏剧课，课程由中央戏剧学院的教师任教，学校班主任以及戏剧老师随班听课并认真记录听课笔

记，记录内容包括教学内容、课堂管理模式、学生反馈、发现的问题等。

在每个学期末，我们会给学生下发问卷进行调查，评选出最受欢迎的戏剧老师，获得投票最多的教师重点进行笔记整理，开集体会议进行交流，从而分析出学生们最喜欢的课堂模式，整理出教学内容。

三年多的探索研究，针对各个年龄段学生的能力和需求不同，同时也根据班主任老师以及戏剧教师集体探讨，在老师们的共同努力下，我们将校本教材进行分级编排，小学阶段涉及三本教材，分别服务于低（一、二年级）、中（三、四年级）、高（五、六年级）三个年级段，目前已经完成低、中阶段教材的编排工作，高年级教材正在研究探索。

根据这三年多的探索研究，已基本确定低、中年级的校本教材内容。低年级主要以游戏和绘本故事为主，要求学生在游戏中能够感知自己的身体，培养自信心，增强学生的表现欲；能够清晰流利地讲述完整故事；能够发挥想象和同伴配合将绘本故事中的片段进行表演；中年级主要以模仿、歌舞剧、童话故事为主，活动方式为小组合作，学生尝试自己改编课本剧并进行排练，要求能够初步感受故事中人物特点进行模仿表演，并做到分清是非善恶。预计高年级以课本剧和校园剧为主，学生可以发挥想象，班级内分工合作，独立完成课本剧或校园剧的编排工作，老师只起到辅助作用，让学生真正体会到戏剧的魅力。

3. 探索戏剧教育课堂教学模式研究

课堂教学是课程的具体实施，是实现课程目标的重要途径。加强戏剧教育师资队伍建设，开展戏剧教育课堂教学模式的研究，探索多样化的教学模式，提高教育教学质量。

戏剧教育课主要由中央戏剧学院戏剧教育系的老师们任课，课堂上老师们活泼、快乐的教学方式让孩子们对每周一次的戏剧课充满期待，同时戏剧教育系的老师的教学更加贴近孩子，使得我们的教学水平有了进一步提升，老师们都非常认真和热爱孩子们，使得戏剧课堂上总是笑声最多的课堂。

学校参加戏剧课程的教学班级共有 33 个（一年级至四年级），每个自然班 30~40 人不等，共有一千余名学生、百余名教师参加到了戏剧课程中，每个班每周仅有一次戏剧课程，如何将学生在短时间内调动起来，就需要吸引人的课堂教学模式。

通过之前的分析调查，我们发现学生们评价较高的课堂有几个共性：

（1）戏剧老师和蔼，尊重学生意愿；

（2）游戏为主，在玩中体会，感悟；

（3）将任务分配给小组，参与面广，每个孩子都能各取所长，有不同但是相关联的任务；

（4）有展示的舞台。

4. 做好学校戏剧社团建设，培养优秀的戏剧人才

除了全人的普及的戏剧教育，学校还开设了戏剧社以及英语戏剧社，戏剧社成员均在自愿的原则上进行选拔，排演校园短剧，通过语言和肢体动作向大家展示一个个别开生面的故事，在角色中辨别是非善恶，体会百态人生。

在学生普及戏剧教育的基础上，选拔优秀的人才组建天通苑小学戏剧社团，并且做好梯队建设，使我校的戏剧社团往精英队伍建设发展。

在过去的三年中，天通苑小学戏剧社排演校园剧《贪吃的后果》《其实我能行》《补考》《警钟》《觉醒》；音乐剧《你很特别》《善良的文森特》；英语戏剧《a bad boy》《no one lift》等多个剧目，其中：

校园剧《贪吃的后果》获昌平区二等奖；

校园剧《其实我能行》获昌平区第十九届艺术节二等奖；

校园剧《警钟》获昌平区第十九届艺术节一等奖、北京市第十九届艺术节银奖、北京市第一届法制展演特等奖，昌平区全学科阅读展示活动优秀奖；

英语短剧《a bad boy》被昌平区推荐参加市级英语大赛。

除此之外，我校利用半年时间排演了校园大戏《超能 VR 爱心行动队

之"寻礼"》并在中央戏剧学院剧场进行为期三天,共计四场的演出,参与学生共计 277 人,此次"高参小"中期汇报展示获得了领导的认可和兄弟院校的一致好评。

总之,戏剧教育的最终目标是培养有爱心、有信心、有责任心与有独立自主精神、有创造性、有道德修养和审美情趣、具有健康心理的青少年儿童。

三、研究方法

本研究采用行动研究法,在戏剧教育课程的开发与应用研究中,以戏剧教育"高参小"的美育实践为例,通过问卷调查法、访谈法、观察法、比较法、案例研究法、作品分析法等方法为研究提供数据支持,探索戏剧教育课程管理机制,开发课程资源,探索课堂教学模式,建立戏剧社团。在研究过程中,加强经验交流反思,总结经验,促进我校戏剧教育课程及戏剧实践活动的建设。

(一)行动研究法

在本课题研究中,从实际情况出发,专任教师与科研教师密切合作形成研究团队,使我校戏剧教育的教研活动的工作过程变成研究过程,综合采用问卷调查法、访谈法、观察法、比较法、案例研究法、作品分析法等方法为研究提供数据支持,从而建立戏剧教育课程管理机制,开发课程资源,探索课堂教学模式,建立戏剧社团,促进广大教师特别是戏剧教师和青年教师的成长,促进学生的全面发展。

(二)经验交流反思法

在本课题研究中,不断总结、交流我校戏剧教育研究活动与戏剧教育实践活动的进展,并通过相互之间的研讨交流、网络媒体等平台及时交流、总结研究过程中出现的问题、经验,及时调整,及时应用推广。

四、研究结果

(一)组建天通苑小学教师研究团队

三年多的开发探索,在"高参小"的大力支持下,天通苑小学已经初步组建了以张子路校长负责,安爽主任领导的戏剧课程小组,小组成员涵盖了语文、品社、音乐等多个学科的教师总计 17 人。除此之外,一至四年级的班主任也在进行积极的探索学习,我们要求开展戏剧教育的年级所有班主任都参与到戏剧教育课堂,班主任老师不是旁观者,而是以助教的形式参与到戏剧课堂的教学中,也当作对教师的校本培训机会。我们会继续努力,争取使天通苑小学的更多教师了解戏剧教育,参加到戏剧课程的建设中来。

(二)由专任教师开发戏剧校本教材

2016 年 9 月,中央戏剧学院根据我们 7 所小学戏剧教育的实践正式出版了小学生戏剧教育的专用教材,给我们以后的工作开展提供了理论支持,并带领我们参与课题研究。在此基础上,我校教师针对学生特点,也进行了教材的研究与整理工作。

(三)师资建设已初见成效

2016 年 11 月,我校两名教师赴杭州参加"万人千课"大型戏剧座谈活动,通过学习观摩,了解了更多关于戏剧教育的知识,也开阔了视野。

2017 年暑假,"高参小"针对小学教师的戏剧师资培训班如约举办,我校派了 4 名教师走进中央戏剧学院,由中戏的老师对我们的小学教师进行为期一年的半脱产培训，为的是让我们的戏剧教育走自主发展的路线，这样我们的戏剧教育之路才会越走越长。

（四）课程模式基本形成

老师们教学上比较注重教学方法的完善和提高，都总结出了自己适合小学生的教学方法。

上半学年，我们的教学任务只要是对学生进行戏剧基础训练的学习，老师们带着孩子做放松、做自编游戏、做模仿训练等，让孩子们在学习专业戏剧知识的同时尽情享受戏剧带来的快乐。

下半学年，我们的主要教学任务是剧目的排演，老师们早早地把每个班的剧目剧本准备好，把学生分成小组进行角色分配，让每一个孩子参与其中，感受用自己的表演来表达情感的能力，经过一学期的紧张排练。

（五）戏剧社团，英语戏剧社团组建完毕

目前学校戏剧社团20人，英语戏剧社团13人，由二年级至六年级热爱戏剧的学生组成。戏剧社团每周进行两次社团活动，分别由中央戏剧学院老师任教一节，我校社团教师任教一节。在中央戏剧学院老师的带领指导下，学校在教学过程中摸索前进，已经形成了完整的戏剧社团体系。

（六）开展了丰富多彩的戏剧活动

2016年10月23日，我校由13名二年级同学以及2名五年级同学组成的演出队伍参加了在中央戏剧学院实验剧场举办的以"戏聚课堂，剧享童年"为主题的"高参小"戏剧课程展示活动，他们演出的《曹冲称象》赢来了观众的热烈掌声，也得到了导演及主办方的充分肯定。

每年的六月，我校都会以级部为单位开展"戏剧节"的活动，迄今为

止已经举办过三届。在戏剧节上，每个自然班级都会出作品进行展演，随着"高参小"项目的推进，我校参加戏剧课程的班级逐渐增加，戏剧节也一届比一届精彩。每年的戏剧节已经成为我们天通苑小学人的盛宴。

在2017年10月，我校在中央戏剧学院剧场上演了一场由277名学生参与，长达一个多小时的穿越型历史大戏《超能vr爱心行动队》，获得了家长们的一致好评，也使戏剧教育的种子在我们的心中生根、发芽。

除此之外，中央戏剧学院在参与我校戏剧教育工作的同时还给孩子们和老师们创造了很多观摩正规戏剧表演的机会，孩子们走进中戏、走进儿艺观看儿童剧，让他们有了对戏剧更宽的视野。

五、研究结论

在"高参小"项目的扶植下，戏剧课程已经真正走进校园，有专业的教师进行戏剧课程的教学。覆盖班级逐年增加，戏剧的氛围在学校也越加浓郁。

学校基本建立健全了戏剧教育课程的管理机制，开发出一套完整的戏剧校本教材，正在探索戏剧课堂教学模式，形成有特色的经验。除此之外，开展丰富的戏剧活动，让更多的学生、教师参与其中，将戏剧教育在校园中普及。

学校基本完成戏剧社团的梯队建设。教师队伍涉及多个学科的优秀教师，戏剧社团也发展得有声有色，经过戏剧活动的开展，很多戏剧人才开始崭露头角。在学校多姿多彩的活动开展中，学生的团队意识逐渐增强，戏剧社团在学校第一届"社团嘉年华"活动中人气最高，被评为最受欢迎的社团，优秀的团风、精湛的演技使我校的戏剧活动在北京市乃至全国的戏剧展示活动中取得好成绩。

六、政策建议

戏剧虽然已经走进校园，戏剧教育也基本被广大师生、家长认可，但是一部分人对于戏剧教育的根本目的还没有真正地理解和把握，对于戏剧教育作为一种教育活动的表现方式、方法和手段还没有透彻的认知，甚至有的只局限于表演技能、课本剧的浅显认识，还需加强戏剧普及教育的概念，使越来越多的人了解戏剧教育的重要意义从而更加重视。

目前戏剧课程虽然在小学如火如荼地举行，也只是局限在综合艺术课程以及社团活动课程，将戏剧作为单列课程纳入学校课程教学计划之中，目前还没有政策性的支持。戏剧教育是一个专业性比较强的学科，戏剧课程更是应由专业的教师任教，应更重视师资队伍的建设以及培养。

戏剧教育与小学相关学科协同发展的实践研究

徐 戈*

内容摘要：2014年，北京市教委提出符合时代需要、社会需要、国家需要的"北京市高校参与小学体育美育发展"项目，我校与中央戏剧学院签订了六年协议。"高参小"戏剧教育课程进入我校已有几年时间，我们共同探讨和摸索着，怎样把戏剧教育与语文、英语、音乐、舞蹈、美术等基础学科相融合，与原有的学校文化和地域文化融合在一起，发挥戏剧的表现优势，为我校的玉文化教育和昌平地区丰富的人文、历史、地理文化资源，提供一个新的发展方式。

关键词：戏剧教育　基础学科　融合方式　文化理解

在"高参小"项目执行的几年时间，通过笔者的现场考察、调研、教学工作，从课程的建设，教学目的，我校校园文化的建设，进行戏剧教育和基础学科协同融合的研究。

一、研究目标与具体内容

（一）研究目标：戏剧教育在小学教学中如何与基础学科有机结合。

＊ 徐戈：北京市昌平区平西府中心小学体育教师、大队辅导员，艺术工作主管。

（二）具体内容：

1."高参小"戏剧教育课程进入我校已有三年的时间，在这三年的时间里，我校与中央戏剧学院戏剧教育专业的领导与教师和同学们共同探讨与摸索着怎样把戏剧教育与原有的学校文化和地域文化很好地融合在一起，发挥戏剧的表现优势，为我校的玉文化教育和昌平地区丰富的人文、历史、地理文化资源提供了一个新的推广和发展方式。在此期间我们创作了以玉文化故事为题材的《卞和献玉》《奥运奖牌之争》《玉文化成语大会》和《温榆河畔》《两个小侦察员》《花球花球》《再来一遍》等多部具有我校玉文化特色教育和昌平地区地域文化的戏剧作品。通过这些节目剧本的创作和演出对于我校这两种文化的推广起到了很大的推动作用，学生们在观看演出后，对于学校的玉文化特色教育，和昌平的地域文化有了更加深入和直观的理解。

2. 近一年我校正在探索戏剧教育与语文、英语、音乐、舞蹈、美术、写字等多个基础学科相融合发展方式。语文和英语课上加入戏剧元素使课堂更灵活生动，音乐和舞蹈课上加入戏剧游戏让课堂充满乐趣，美术和写字课制作班级的戏剧作品的道具与布景。同时，将语文或英语课的故事提取出来，加上音乐和舞蹈元素，再配上美术课和写字课制作的道具布景，一个班级很快就可以排练出自己的原创剧目，这样大大激发了学生的学习兴趣，因为学生们在这样的课堂中可以找到喜欢的、擅长的内容，学生们乐意为班级剧目的呈现，贡献自己的力量。因为这样的呈现方式，学生们可以直观地看到自己的付出所创造的结果。

二、意义和研究价值

（一）戏剧教育是一个能够发展学生综合能力的课程。戏剧文化在学校中的发展，会给原有的传统教育带来新鲜的血液和更多活力。

（二）所有的学校和所在地域都会有自己的学校文化与地域文化，而戏剧有着很强的优势，可以把校园文化和地域文化等用戏剧的表现手段展现在大众面前，戏剧又有着将基础学科的语文、英语、音乐、舞蹈、美术、写字等多学科相融合的先天优势和条件。

（三）戏剧教育可以激发学生原有的创造力、唤醒学生的想象力、激发学生的创造力、培养学生自己动手的能力、鼓励学生通过亲身体验来认知、理解事物与社会，培养学生沟通和交流的兴趣与乐趣、掌握条理清晰的语言表达能力，以及敢于当众表达个人观点的能力、培养学生敏锐的观察力和社会责任感、培养学生成为社会合格的公民，为社会发展而努力奉献。

以北京市昌平区平西府中心小学为例，创建"戏剧教育与小学相关学科协同发展的实践研究"，旨在构建良好的小学校园戏剧文化，激发学生兴趣，培养有爱心、有自信心、有责任心、有独立自主精神和能力的、有创造性的、有道德修养和审美情趣、有健全的人格、健全心理与浓郁家乡情怀的少年儿童。

三、研究思路

戏剧教育对于小学阶段的学生有促进、养成敏锐的观察力和社会责任感，使学生能够为了社会的发展贡献自己的力量，培养学生主动用心用脑思考学习的习惯，培养学生相互协调和谐相处的能力，最终培养出有爱心、有自信心、有责任心、有独立自主精神和能力的，具有创造性的，有道德修养和审美情趣的、具备健全的人格与健康心理的少年儿童。

四、研究情况

从课题创建以来，我校针对本课题中的研究内容开展了多项实践研究工作其中包括：

（一）组织开展平西府中心小学首届学生戏剧节；

（二）结合美术课堂教学创编《两个小侦察员》绘本及制作箱子戏所用道具；

（三）结合英语课堂教学创编排演英语课本剧《小红帽》《羊和狼》等；

（四）邀请专家协助完善《温榆河畔》剧本；

（五）结合多学科教学创编《平西府中心小学戏剧教育校本课程教材》；

（六）以原有戏剧社团升级成立平西府中心小学金玉戏剧社团；

（七）由校长带领学校相关领导对中央戏剧学院剧场中心、专用教室、图书馆等设施进行现场调研，准备建设昌平区中小学中第一个小剧场；

（八）组织全体学生观看北京儿童艺术剧院演出的儿童剧《你好未来》；

（九）组织学生参演中央戏剧学院"童心如歌"同声音乐会；

（十）结合花式篮球项目组织排演花球主题校园剧《再来一遍》及演讲"篮球与我的故事"；

（十一）组织郑各庄小学四年级二班全班同学进行《明明大战蛀牙军》A、B两组排演实验；

（十二）选送三名教师参加中央戏剧学院"高参小"教师培训班；

（十三）结合语文学科及玉文化特色教育开展玉文化诗词大赛；

（十四）组织全校所有班级评选出8个最有代表性的节目，参加在中央戏剧学院镜框式舞台剧场的专场演出；

（十五）组织戏剧社团参与昌平区中小学生社团嘉年华；

（十六）组织戏剧社团和花球社团的同学参与属地社区组织的文艺演出。

五、研究进程

（一）我校在课题研究中，组织各项排演过程时特别注重学科融合协同合作，在多学科领域以戏剧教育为中心寻找交叉点，寻找可以互相融合和相促进的突破点，建立有效的协作机制，赋予戏剧教育课程以课程协调者的身份，用这一项课程串联起几门可以融合的课程，使学生们得到全面的提高。

（二）通过学生戏剧节的带动，涌现出一批优秀作品，不光在语文、英语、戏剧、音乐的课堂里，同学们在老师的带领下创作、排练，在课下学生们也在积极地查找资料、制作道具、排演剧本，通过观察可以看出，学生们通过戏剧教育课，及在相关协同学科教师的带动下，增强了自我规划的能力，学生们可以规划出自己的排练时间、地点，并且做到了主动邀请老师帮助排练，这对于我校学生是一项非常大的进步和提升。

（三）在《明明大战蛀牙军》的排练中，我们对整个班全员参与同一个剧本 A、B 角色排演进行了实验探索，结果是我们收到了很好的效果。全班共 36 名学生分为两组进行排练，每组除导演外其他所有工作都由学生完成，学生们从最开始什么都不会还经常找不到头绪，到后来的井井有条互相说戏，再到班级演出时相互叮嘱带好道具、整理服装等细节事项，这些都让老师们惊喜地发现，他们已经是一个个小大人儿了。

（四）在结合美术课进行的绘本改编箱子戏《两个小侦察员》，结合英语课改编《小红帽》，结合花式篮球主题排演校园剧《再来一遍》及演讲"篮球与我的故事"，结合语文学科及玉文化特色教育开展"玉文化诗词大赛"等活动的过程中，我们看到了戏剧教育课成了多个学科可以相互协同发展的媒介。

（五）在课题研究的进程中，我们采用"请进来、走出去"的方法，请进来邀请北京儿艺的儿童剧《你好未来》，走进我们的校园来到学校为同学们进行精彩的演出，演出结束后学生们的反响非常好，一、二、三年级的小同学拿起画笔描绘自己的未来，四、五年级的同学在作文本里写下了自己对这部剧的观后感，六年级两个班的同学利用两个小时的时间，与老师一起探讨观剧后的感受和对未来的规划，甚至有的同学被剧中故事所触动，想起了自己对家长的误会，在课堂上流着热泪给家长写了一封感谢信。

走出去是由校长带领学校相关领导，对中央戏剧学院剧场中心、专用教室、图书馆等设施进行现场调研，着手准备建设昌平区中小学第一个小学，为给戏剧教育课程和学生们提供一个良好的授课、展示场所做出计划安排。另外，历经两个月的排练合唱《春晓》及花球表演，共完成四场

240 余人次参与演出，学生们第一次登上了中央戏剧学院镜框式舞台，这样的演出经历会给他们的人生带来很多不一样的感受。

（六）从 2017 年 9 月开始，组织开展平西府中心小学首届学生戏剧节，计划历时一学年达到"班班有剧目，全员共参与"的戏剧教育普及目标。

（七）为弘扬中华传统文化、挖掘家乡母亲河文化内涵，本学期我校邀请昌平地区著名作家张志良先生等专家协助完善《温榆河畔》剧本。

几年来在市教委和"高参小"办公室的带领下，在中央戏剧学院院领导和老师们的帮助下，在学校领导和老师们的高度重视和共同努力下，"高参小"项目在我校落地生根，美育协同机制在我校开花结果。到目前为止，通过美育协同机制，我校已全面覆盖全校 1200 余名学生和 110 余名教师的学习和工作，在此，学校不断推动以戏剧为主的艺术类活动也有了成倍的增长，活动水平展示平台越来越高，越来越专业。

六、研究结果

研究中在评价机制方面，我们采用了教师评价、学生评价、课程评价三种评价方式。

1. 教师评价，根据教师学期初编写的教案进行课堂抽查，检查是否按照教案进行教学活动。对学生进行问卷调查，收集学生对戏剧教育课授课教师的喜爱程度、课堂规范度、是否需要调整怎样调整几方面进行了调查。

2. 学生评价，每周一次对学生进行戏剧课堂表现抽查，对学生在戏剧课堂的收获进行抽查登记。

3. 课程评价，每月对教师和学生进行走访，考察确定课程目标定位是否准确，授课内容实施是否具体生动，课程方法选择是否多样合理，课堂时间安排是否恰当，教学效果是否令人满意。

在学科协同发展等方面我们收到了很好的成效，可以说很大程度上促进了我校各学科协同发展的进程，为我校在这个方面的探索作出了很大的贡献。看到学生们在戏剧课上跟着老师一起做练习的投入，看到美术课上学生们跟着美术老师一起制作绘本《两个小侦察员》改编箱子戏的道具时的认真，看到英语剧《小红帽》排练时学生们的一丝不苟，看到参演同声音乐会时我们的学生不怕吃苦、不怕寒冷，这些都是我们的进步，这些都是本次研究最好的收获。

　　探索的路是艰辛的，但也唯有这种艰辛，才能带给我们快乐和欣喜。我们已经取得了一些成效，但这只能作为我们今后继续课题研究的基础，我们将以此为动力，与时俱进，开拓进取。

戏剧教育与教育戏剧在小学德育美育工作中的应用

张洪姐*

内容摘要：近年来，全国各地各个学校都在进行戏剧教育实践活动，也取得了很多阶段性的进展。戏剧教育与教育戏剧在不同教育阶段应该起到什么样的作用，对于学生的德育美育工作有哪些影响，都值得我们去探究。我校在进行戏剧教育与教育戏剧的不断探索中，对于其在中国国情下的具体实践，取得了一定的进展。本文将主论述戏剧教育与教育戏剧在小学德育美育工作中的应用。

主题词：戏剧教育　教育戏剧　德育　美育

2001年，国家颁布《全日制义务教育艺术课程标准（实验稿）》，首次将戏剧列入艺术综合课程的几大门类之中。2015年，国务院办公厅下发《国务院办公厅关于全面加强和改进学校美育工作的意见》，将戏剧课加入义务教育阶段和普通高中的选修课内。近年来，全国各地各个学校都在进行戏剧教育实践活动，也取得了很多阶段性的进展。但由于戏剧教育源自西方，无论是理论体系还是已有的实践经验，与中国传统观念与现有教育条件并不能完全契合，也一直没有一套结合了中国国情的完善的戏剧教育理论，戏剧教育与教育戏剧在不同教育阶段应该起到什么样的作用，对于学生的德育美育工作有哪些影响，都值得我们去探究。我校在进行戏剧教育

---

* 张洪姐：北京市昌平区平西府中心小学音乐教师、大队辅导员。

与教育戏剧的不断探索中，对于其在中国国情下的具体实践，取得了一定的进展。

戏剧教育与教育戏剧的区别与联系

戏剧教育与教育戏剧这两个概念，在我们的实际应用当中一直没有进行过区分，而且在中国的教育学术期刊中，很少有人做过这样的辨析。

戏剧教育（Drama Education），其目的主要是为了培养专业的戏剧编、导、演和舞台美术人才以及普及专业戏剧的鉴赏知识型的人才。即用戏剧的手段达到戏剧的目的，在西方国家，这种戏剧教育也通常会被称为精英教育或者专才教育。在我国大部分的学校中都进行了戏剧教育的实践——虽然这种实践，并非以培养专业的戏剧编导演及舞台美术人才，但是以排演一整出戏剧为目的，参与排演戏剧的学生虽然未来也会有一部分成为专业人才，但这种教育也只能称之为业余戏剧教育。现在也有不少学校已经成立了戏剧社团或者戏曲社团，学生参与整个戏剧排演过程，参与到编、导、表与舞美制作、后期宣传等活动中，体验并学习一出戏剧从初创到成型再到演出的全部过程。

教育戏剧，（Drama In Education，DIE），是指用戏剧方法与戏剧元素应用在教学或社会文化活动中，让学习对象在戏剧实践中达到学习目标和目的。换言之教育戏剧的主要目的，并不是排演一出戏剧，而是利用戏剧的方法，或者戏剧元素，让参与者感受、学习。即用戏剧的手段达到教育的目的，不少国家和地区会利用戏剧的手段对特殊人群进行影响和干涉，但这并不意味着教育戏剧只能适用于特殊人群，在创设出的情境中体验，感受，扮演等活动，可以让孩子们得到相应的能力与成长[1]。

戏剧教育与教育戏剧，这两个看着相似的描述，从构词法的角度、其产生的背景以及西方国家实际应用的角度来看，均有不小的区别。戏剧教育是以戏剧为目的教育，教育戏剧是以教育为目的的戏剧；戏剧教育是为了培养专业戏剧人才应运而生的学科，而戏剧教育则是将戏剧的手段方法应用到教育过程中去，最早可以追溯到弗洛伊德学说；西方国家的实际应用当中，戏剧教育是普世的，是面向大众的，也是流行的，而教育戏剧多数面向特殊人群，有特定的目的与环境。

虽然戏剧教育与教育戏剧有上述区别，几乎可以看作是两个完全不同的学科，但是两者的联系也是显而易见的。二者都是关于戏剧的，都会涉及戏剧理论与戏剧表导演手段与方法。同时，这二者也都是一种具体的教育实践，虽然具体的培养目的不同，但都以培养人为主要目的。

戏剧教育与教育戏剧的历史渊源

西方戏剧史最早可以追溯到公元前 6 世纪的古希腊和罗马戏剧，这个自从出现就流行于上层社会的娱乐形式，很早就被挖掘出了其教育意义——古希腊亚里士多德认为悲剧可以唤起人们悲悯和畏惧之情，使情感净化，获得无害快感，达到某种道德教育目的。也正是因为它产生、流行于上层社会，所以在创作排演的过程中，始终围绕着人性、生命意义等话题进行讨论，无论如何取材，其社会属性与教育属性始终存在[2]。

自亚里士多德提出戏剧的"净化"功能概念后，奥尔弗斯与毕达哥拉斯都吸收了这种观点，至 1895 年，弗洛伊德和布洛伊尔的《歇斯底里研究》中，弗洛伊德首次提出了"精神分析法"的概念，"教育戏剧"也因此应运而生。1911 年，哈里特·苏蕾·强生出版了《戏剧方法之教学》，这本书总结了她多年来对于儿童戏剧教育的实践经历，她也是第一位在教室内以戏剧形式进行教学的教师。而几乎与苏蕾·强生同一时期的亨利·卡德维尔·库克出版了《游戏方法》，也对英国的教育戏剧产生了深刻的影响，他带领学生对于课本内容进行再创作，排演成戏剧，借此来理解与讨论课本中的内容，他认为"青少年儿童最自然的学习方式就是游戏"。随着时间的推移，人们对于教育戏剧的理论与实践研究越来越系统化，布莱恩·威致力于教师培训制度的建立与戏剧课程的开发，真正将教育戏剧发展成了一门学科。而与其同时期的希斯考特，进一步探索了戏剧教育的开发条件与教师需要建立的必要环境，通过他长时间的实践与总结，形成了逐步完善的教学策略。20世纪90年代，《戏剧教育研究》期刊的创办，与"应用戏剧研究所"的建立，把戏剧教育推进到了跨领域多元化的繁荣阶段。

李婴宁教授是中国最早探索教育戏剧的学者之一，自20世纪90年代接触了西方的教育戏剧理论后，就致力于将"原本拥有戏剧的权利还给儿童"，从最初的困难重重，到2007年终于在上海戏剧学院教授"教育戏剧理论、发展和实践"课程，培养从事教育戏剧的专门性人才。目前，全国不少学校都在高参小的活动下，开展了教育戏剧或者正在使用"教育戏剧"的方法进行教学活动[3][4]。

戏剧教育在小学德育美育工作中的作用

戏剧进校园之后，不少学校都建立了戏剧社团，开始进行戏剧的排演活动，无疑，这样的戏剧教育活动，对于学生的德育美育工作都有了不小的作用。

（一）戏剧教育让学生学会合作

小学阶段孩子们的性格特点决定了他们的自我意识较强，合作意识较弱，没有很好地同理心与换位思考的能力。而在排演戏剧的过程中，同学们必须学会与他人合作完成一件事，在不断地磨合、排练中，了解合作的重要性，懂得与其他同学配合，呈现出一个美好的戏剧。与此同时，大多数同学也必须接受自己是配角的事实，在这个过程中，认识到在这个世界上，不是所有时刻自己都是主角，而配角在戏剧中依然有重要的作用，并且学会如何做好一个配角。因此，接受过戏剧教育的同学，在生活中也更愿意配合他人共同完成一件事，沟通意愿更强烈，与人沟通时能够站在他人的角度思考问题，有很好的合作精神。

（二）戏剧教育让学生学会尊重规则的重要性

小学阶段是非常重要的建立秩序性的时期，学生们在参演戏剧的过程中，首先需要记背台词，模仿学习，在排练时，需要严格遵守排练秩序，按照既定的剧本进行表演。在排练中，学生们一次又一次地规范自己的台词、形体、动作、情绪，只有把既定的情景展现出来，才能够让演出变得更加完美。因此，学生在排练过程中，会逐渐认识到规定的重要性，也能够意识到只有所有人都遵守规定，尊重规则，才能完成好一件事，从而学会在日常生活中遵守规定，也能明白如何根据既定的规则去表现自己。

（三）戏剧教育让学生感受美

戏剧活动中会使用很多布景、道具、服装，学校社团中的服、化、道多数也是由学生们自己制作，在设计过程中，经过学生主动查阅资料，不断对比改进，接受老师的指导以及同学们之间互相讨论后，对于美的认识也能够不断提升，同时把自己学习到的理论知识应用在实践当中，形成良好的审美观。另外，戏剧活动中经常会应用不同的背景音乐来烘托气氛，这种音乐、音效的选择，也能够让学生们对于音乐的素养不断提升，了解音乐中所蕴含的不同的情感，培养学生对于音乐的审美。"戏曲进校园"后，学生们对于戏曲服装、道具以及其程式化表演手法的学习与了解，也能够培养大家对于中国传统艺术的认识赏析能力，学会对中国传统写意手法的鉴赏。

教育戏剧在小学德育美育工作中的作用

教育戏剧的方法，在校园中的应用还并不广泛，通常存在于各种工作坊中。通过创设情境，模拟现实生活中的某些场景，学生们参与到角色扮演当中，没有固定的剧本，根据自己的理解，模仿来进行表演，从中进行学习[5]。

（一）教育戏剧让学生得到社会性的成长

小学阶段的学生正处于可塑性极强的年龄，他们的思维和认识都处于非常活跃的时期，这个阶段的学生非常容易受到周围环境的影响，通过具象的、实际的场景学习效率非常高。教育戏剧刚好为学生提供了这样一个具体的实践场景。学生在创设的情境中自由发挥，能够发展学生对于突发事件的处理能力，提高学生对于真实事件的判断能力与价值认识，因此也能够帮助学生提高社会适应能力，形成正确的价值观。著名教育家张伯苓在重庆南开中学怒潮剧社第二次公演时发表演说，他指出，学生在戏剧里面可以得到做人的经验。他认为"会演戏的人将来在社会上必能做事，戏剧中有小丑、小生、老生等，如果在戏剧中能扮什么像什么，将来在社会上也必能应付各种环境"，因为"在社会上做事正如演戏一般"。

（二）教育戏剧促进学生形成良好的道德观

教育戏剧具有极强的灵活性，可以随时根据现有的社会现象调整戏剧的主题与情境，通过这种模拟，让学生在这种情景下去思考，并通过不同的角度去认识整件事件，在这个过程中，懂得客观、全面的思考问题，同时，能够通过这种深刻的思考，在不断地模仿、讨论、实践的过程中，加深对于这种社会现象的认识，从而建立起健康良好的道德观。"学校道德学习过程是师生协同活动，创造道德情境、体验道德生活，建构道德整合结构的活动。"通过教育戏剧的方式，让学生产生移情体验，是非常好的德育方式[6]。

（三）教育戏剧提升学生的艺术感知力

著名戏剧家夏衍曾经提出："戏剧是人生的缩影，在舞台上表现出来的正应该是压缩了的精炼的人生。"教育戏剧中非常常用的一种手段就是观察与模仿，对于生活的细节的观察可以很好地提升学生对于美的感知力与洞察力，从而从中提炼出"精炼"的人生。在对不同的人或自然的模仿中，也能够让同学们学习到不同的处世方法与处世态度，通过对这些不同的方式的对比，提高学生对于美的判断力与鉴赏力[7][8]。

戏剧教育与教育戏剧在德育美育工作中的具体实践

北京市昌平区平西府中心小学在戏剧教育与教育戏剧两方面都进行了一系列的探索活动，对于学生们的德育、美育都有较大的帮助。下面以"蔬菜的成长"综合实践活动为例，说明我校在戏剧教育与教育戏剧方面的探索情况。

1. 活动主题："蔬菜的成长"综合实践活动

通过日常大队部例会中，小干部们发现了浪费粮食的现象，尤其是蔬菜的浪费现象非常严重，因此，举办了一次以"蔬菜的成长"为主题的综合实践活动。

活动的主要内容是要求学生们查阅资料，了解日常食用蔬菜及其种植方法，在学校的小花园中观察蔬菜的成长，种植蔬菜并记录蔬菜的生长过程，以小组为单位进行小的戏剧创作，最终展示并讨论。

2. 活动过程

（1）讨论阶段

讨论1：什么是节约？

讨论2：你都注意到日常生活中我们常食用的都有哪些蔬菜？

讨论3：植物怎样变成的种子？如果你是小种子你怎么想？

讨论4：如果你是种菜的农民伯伯你会怎么想、怎么做？

（2）教师介绍学校浪费蔬菜现状

（3）布置本次实践活动

活动1：活动中老师指导学生收集种植方面的小知识（种子、翻土、施肥浇水、温度）。

活动2：留心观察种植过程，种子生长过程，并进行记录内心的过程。

活动3：对农民伯伯种植种子的内心活动。

（4）活动上分享自己的感受，小组合作即兴创编。

同学们在查阅资料，观察并体会内心的感受时，更好地认识了蔬菜的生长过程，以及农民伯伯种植蔬菜的艰辛，从而增强了与农民伯伯的同理心，不少同学都在最终的戏剧中设计了农民伯伯辛苦劳作的场景，而在这种场景的模仿与表演下，让大家更好地认识了劳动的艰辛与美。也有些同学在活动中感受到了生命的力量，通过种植蔬菜，观察蔬菜的成长过程，查阅蔬菜的种植知识的时候，对于蔬菜本身蕴含的能量有了更多的认识，也在最终的戏剧创作中表现了这种蓬勃的生命力。另外，还有的同学在这次活动中，感受到了合作的重要性，通过种植蔬菜、翻土、施肥、浇水等一系列过程，都需要和同组的同学共同合作完成，在这次实践活动中，收获了友谊，在最终的戏剧创演中，也重点表现了自己这一组在种植过程中经历的事情，和同学们之间牢固而美好的友谊。

学生通过查阅资料、观察模仿、讨论及戏剧编演活动等多种途径，对节约蔬菜有了更好的认识，提高了综合实践能力，培养了合作精神，增强了调查、汇报、交流的能力，提高了观察、分析的能力，并能有一定的创新精神。这次活动得到了学生及家长的广泛好评。

在这次活动中，我们采用了戏剧教育与教育戏剧相结合的方式，首先通过一系列的调查与讨论，带领学生进入蔬菜种植的情境中，了解并观察，然后让学生们在户外实践进行种植活动，在种植活动的过程中，记录自己内心的感受，然后与同组同学交流，将戏剧中的观察、模仿运用到实践教育过程中，以学生为中心，让同学们自己在实践中感受和学习。然后带领各组同学进行戏剧的创编及展演，采用戏剧教育的方式，让同学们全部参与到编导演的过程中去，最终展现出一部完整的戏剧作品，在这个过程里，锻炼学生们的组织能力，观察能力，沟通能力与表现力[9]。

结　语

无论是戏剧教育还是教育戏剧，都是在西方精英教育体系下的衍生产物，在我国是否适用，如何能够对其进行本土化的改造与发展，始终是戏剧进校园需要不断探索实践的课题。我校在开展戏剧进校园的活动中，发现教育戏剧与戏剧教育相结合，是西方戏剧教育理论与中国具体实践相结合的一种新的尝试与探索，对于学生的德育、美育工作有积极的意义，也希望未来能够得到更多的实践经验，不断改进，探索出一条真正适合中国国情的戏剧教育之路。

参考文献：

[1] 张晓华:《教育戏剧跨领域统整教学：课程设计与实务》，心理出版社2014年版。

[2] 卢兴钦:《教育戏剧的德育功能初探》，《教学与管理》2018年第18期。

[3] 孙惠柱，汤逸佩:《边缘的消失：第四届上海国际小剧场戏剧展演论坛》，广西师范大学出版社2008年版。

[4] 张生泉:《教育戏剧的探索与实践》，中国戏剧出版社2010年版。

[5] 李越挺:《戏剧在教育上的路向》，《戏剧》1998年第4期。

[6] 刘惊铎:《体验：道德教育的本体》，《教育研究》2003年。

[7] 张伯苓:《演剧与做人》，南开大学出版社2015年版。

[8] 乔治·赫伯特·米德:《心灵、自我与社会》，华夏出版社1999年版。

[9] Barbara T. Salisbuty:《创作型儿童戏剧入门》，心理出版社2002年版。

在话剧《静待花开》中体会剧场教育模式

柴 鹤[*]

内容摘要：传统戏剧教师培训多以讲座类培训为主，互动性和针对性不强。而"高校参与小学体育美育发展工作"（即"高参小"）项目中强调剧场理论，带领项目校的教师们走进专业剧场，对其进行全方位、多角度的培训，并将重心放在戏剧教学的实作层面。教师通过剧场教育培训，掌握有关制作和演出的授课方法和技巧，从而在校园内有效地开展戏剧教学。本次培训是以教师参与体验原创大型话剧《静待花开》的方式进行的，是一次以"做中学"为特征的学习过程。

关键词：教师培训　参与式体验　剧场教育　戏剧理念

戏剧教育是一种教育性质的戏剧活动，或者说是戏剧方式的教育活动。为了确保中小学戏剧教育的顺利开展，为提高教师培训质量，着力解决师资培训存在的针对性不强、内容泛化、方式单一、质量监控薄弱等突出问题。本文旨在教师们通过参与原创大型话剧《静待花开》的编剧、导演、制作、舞台管理等剧场教育培训，亲身参与到改编剧本、开展排练、分组导演、舞台设计、管理等提升教师剧场知识与技术学习经验。教师在掌握剧场教育方法后，能够指导学生在日后的戏剧学习中从反应、互动、接受与理解程度，直至独立的完成一部剧目。

---

[*] 柴鹤：北京市昌平区平西府中心小学美术教师。

一、《静待花开》剧场教育项目启动

中央戏剧学院"高校参与小学体育美育发展工作"（即"高参小"）项目中，针对小学教师进行培训课程。随着这项师资培训计划项目的深入推进，中期任务完成原创大型话剧《静待花开》。中央戏剧学院集中人力、物力，由专业教师带领参训教师们共同创编原创话剧《静待花开》。依托《静待花开》的创编、排演，中央戏剧学院对参训教师们进行了全链条的培训。在专业教师的指导下，参训教师们承担了剧本编创、表演、分场导演、舞台监督、宣传设计、音乐音效操作、主题歌作词、演唱等艺术创作工作，亲身体验并实践了戏剧创作的各个环节，对戏剧艺术创作的规律、表导演的真谛有了更深刻的认识。

2018年7月9日，原创话剧《静待花开》正式启动排演。此次原创话剧《静待花开》取材于小学老师们的现实生活，聚焦社会话题，展现了在普遍关注孩子成长成才的当今社会背景下老师之间、师生之间、学生之间、校方与家长之间、家长与孩子之间的关系。在感人之余，其中矛盾冲突的解决过程、解决方法也给学校教育教学以启迪，同时也揭示了以正确的教育观、相互理解和接纳包容的心态面对学校教育、家庭教育、家校之间的问题十分重要。剧中角色扮演者均由各参训小学的任教老师们、学生们本色出演。

这是一个有关戏剧教育的主题设计、情境构造、活动方式等剧场教育模式的培训和体验。

二、参与者全身心的投入

始从2015年，中央戏剧学院就启动了小学戏剧教育师资培训计划，通过理论鉴赏课程，演出观摩，见习实践，暑期集中培训等不同形式，提升小学教师在戏剧理论与实践层面的认知与技能。值得一提的是，各校参训教师来自不同的学科，这样势必带动戏剧教育与其他学科教学的融合。随着时间推移，老师们经过为期两年的培训，正式进入戏剧的创、排、演。

（一）老师们入戏

2018年年初，我们随着中央戏剧学院主创老师开始收集整理《静待花开》中真实的故事情节，开始创作剧本、老师们进行各项分组计划、安排筹划排练和演出时间。2018年暑期，开始了我们的正式排练，这其中的酸甜苦辣只有我们自己才能够体会到，记忆之深刻。在整个的培训过程中，老师们扮演着各种角色，为了能够更好地进入到角色之中，老师们每天早起都会出晨功，与专业教师一起练习基本的舞台功底、揣摩剧中人物的心理活动。老师们每天忙忙碌碌的为这部剧目进行分组排演、沟通交流，井然有序地进行着每一步的流程，不断地以进入角色的方式，开启、维系并推展戏剧，使自己不自觉地处在一个信以为真的世界之中。而我并没有选择进入演员阵容当中，而是成了舞台监督，在这期间一直都是我们的小班主任杨珺喆在指导我做着各项演出中所需要的表格、安排各项工作的进度和时间、采买道具、与主创人员沟通其他方面的工作等一系列的事情，一场剧目下来才知道舞台监督不是一项轻松的工作。但有了我们的导演老师及演职人员的鼓励和激励，我们在一起并肩作战，一起联排到天黑，一起努力把剧目做到最好，一起为这段精彩的时光落泪，这些都让我有了前所未有的经历，也让我结识了一群志同道合的朋友们。现在回想起来反而没有那么的辛苦，觉得这一次的付出很值得。正是因为导演的鞭策，我们的坚持，我们的努力，最后给观众们留下了非常深刻的印象。

（二）体会戏剧舞台监督

从戏剧舞台艺术角度来讲，舞台监督是一个非常必要和重要的职务，此行业在欧洲戏剧发展进程中已有一百多年的历史，随着舞台艺术的发展，舞台监督已经成为独立的职业和岗位，他要参与艺术创作的全过程，是创作、制作和表演者之间的黏合剂。在此次全程参与《静待花开》创作的过程中，我从戏剧演出立项会、主创人员制作会到排练、合成，再到置办道具、进剧场搭台、演出、卸台等整个演出制作过程中承担着协调和管理的任务，并在演出中负责剧场各部门的总体组织、监督与指挥。从7月暑期开始进行排练、合成到11月基本天天泡在剧场里再到三天演出结束后，终于体会到了戏剧舞台监督身上的重担，知晓了一名合格的舞台监督应该做到哪些，其中印象最为深刻的就是以下几点：

1. 领会导演的艺术构思和了解其他工作部门的工作进度和时间；
2. 配合导演完成合成、彩排及相关排练计划；
3. 熟悉演出场地空间及设备情况；
4. 协助组织灯光配置、道具迁换、布景制作等；
5. 掌握剧场各部门的创作规律、技术和场地要求；
6. 负责剧场各部门之间的协调工作，解决演出制作中出现的问题；
7. 戏剧演出期间组织演员们的服装和化妆可以有序地进行；
8. 戏剧演出期间负责演职人员的饮食等；
9. 演出期间要提示灯光、音效、多媒体、道具迁换等切换点；
10. 组织演员谢幕，安排道具物品存放。

在全程参与《静待花开》这个剧目后，我们成长起来，在其间最重要的就是保证戏剧演出的完整性、艺术效果，因此要使其剧目顺利的能够演出成功，我就得快速适应舞台监督这项工作，在这个剧场教育模式中摸索前行。

三、剧场教育模式中成长

在不知不觉地忙碌中和《静待花开》这个剧组说再见。回想起刚进剧场的时候，看到舞美设计的布景进剧场，看到灯光、视频装台，都让我整个人紧张起来，怕自己做得不够好、不能撑起全局，怕自己不能照顾到方方面面，幸好有一群中戏的学生们（2017届戏剧管理系演出制作1班、2班）帮助我，让我充满能量，也幸好遇见了一群可爱而又善良的老师们，让我天天都感受到温暖。历经五天剧场的时光，见证了《静待花开》四场演出，在此期间我学到了很多关于舞台上面的专业知识、专业技能，不仅仅是组织好、协调好各部门之间的工作，还要了解舞美、灯光、道具、音响音效等各种设施、设备的操控和性能，不然的话在现场不会指挥也解决不了现场多方面的问题，只有了解这些舞台知识、基本技术才能更好地在现场起到至关重要的作用。

四、师资培训成果

现如今在戏剧教育中，师资的匮乏仍然是我国中小学普遍的难题。而中央戏剧学院依托"高参小"项目的开展，投入了大量的人力、物力资源，利用两个暑假的集训、平时的日常培训、剧目观摩，希冀能够将高等院校专业化的戏剧教育理念传播开来，能够让参训教师们把成熟的经验带回小学，让戏剧教育真正地受惠在孩子们身上。教师们通过此次剧场教育培训基本能够掌握戏剧从最开始的创作、收集素材到排练、合成最后到制作、进剧场等这些流程，这些有助于教师在日后回到学校后，能够主导效果良好的戏剧演出，同时也能发掘教师的某些潜能和强项。

教师们完完整整地体验了剧场教育模式的过程，有的教师们就真的将自己融入角色当中，在排练室中进行表演练习，并快速进入排演流程、体验角色，有的教师们在短时间内掌握了幕后工作的流程，如平面宣传、灯光、音效音响、舞台监督等，这些能够激活自身的潜能并产生记忆烙印，将其长久地保留下来。

在项目中，传播高等院校专业化的戏剧教育理念，戏剧教育工作者和普通小学教师协同合作，让参训教师们把成熟的经验带回小学，让戏剧教育普惠更多的孩子，学生们更好的体验戏剧教育的魅力。

参考文献：

［1］王欣：《浅析戏剧舞台监督的艺术管理工作——以实验戏剧〈二〇一一年九月〉为例》https：//www.ixueshu.com/document/5b7a3e964d50fb5b318947a18e7f9386.html。

［2］赖声煌：《浅谈舞台监督应具备的素质》https：//kns.cnki.net/KCMS/detail/detail.aspx?dbcode=CJFQ&dbname=CJFD2010&filename=DWUT201009208&v=MDM3NDdTN0RoMVQzcVRyV00xRnJDVVI3cWZadVJ0RkNubVdydk5JVHJlZXJHNEg5SE1wbzFGYklSOGVYMUx1eFk=。

［3］黄婉圣：《从一次"过程戏剧"培训看"教育戏剧"的魅力》https：//kns.cnki.net/KCMS/detail/detail.aspx?dbcode=CJFQ&dbname=CJFD2014&filename=SJYY201408038&v=MTkzMTNDbm5VNzdLTmlmU2Q3RzRIOVhNcDQ5R2JJUjhlWDFMdXhZUzdEaDFUM3FUcldNMUZyQ1VSN3FmWnVSdEY=。

［4］徐俊：《教育戏剧——基础教育的明日之星》https：//kns.cnki.net/KCMS/detail/detail.aspx?dbcode=CJFQ&dbname=CJFD2011&filename=ZHJY201103014&v=MTc4NTdXTTFGckNVUjdxZlp1UnRGQ25uVUx2TVB5WEJkN0c0SDlETXJJOUVZSVI4ZVgxTHV4WVM3RGgxVDNxVHI=。

城乡结合部学校美育工作实践探究
——以天通苑学校为例

王月娥 *

内容摘要: 美育是审美教育,可以提升人的审美素养,潜移默化地影响人,塑造人,滋润人的心灵。几年来,笔者所在的天通苑学校一直不断地探索美育道路,克服重重困难,坚定不移地落实中央文件要求,将美育工作落到实处,取得了一些成果。学校也将不断探索美育之路,让美育之花盛放。

关键词: 城乡结合部　学校发展　提升美育　学生受惠

15 年前笔者刚刚参加工作,那时的天通苑学校甚至连操场都没有建好。在亚洲最大的社区天通苑社区,这所学校承载着社区居民的希望。社区周边交通不甚便利,文化场所更是凤毛麟角。随着社会的发展,这所城乡结合部学校正慢慢汲取营养,发展壮大。越来越便利的交通带来了经济的腾飞和文化产业的发展,也给学校美育工作带来了新的契机。

一、落实总体要求,坚定美育之路

(一)建立组织机构,明确指导思想

学校成立领导小组和工作组,校长担任组长负责全面工作,德育副校

---

* 王月娥:北京市昌平区天通苑学校初中部道德与法治教师、团总支书记、小学部德育副主任。

长、德育主任担任副组长负责具体工作的落实。2015年国务院印发《关于全面加强和改进学校美育工作的意见》，领导小组集体学习文件精神，明确学校美育指导思想。全面贯彻党的教育方针，以立德树人为根本任务，落实文艺工作座谈会精神，把培育和践行社会主义核心价值观融入学校美育全过程，根植中华优秀传统文化深厚土壤，汲取人类文明优秀成果，引领学生树立正确的审美观念、陶冶高尚的道德情操、培育深厚的民族情感、激发想象力和创新意识、拥有开阔的眼光和宽广的胸怀，培养造就德智体美全面发展的社会主义建设者和接班人。

（二）坚持原则，促进发展

1. 坚持育人为本，遵循美育特点和学生成长规律，面向全体学生实施美的教育。城乡结合部学校学生来自不同背景的家庭，有农村生也有城镇生，学生差异较大。学校秉持平等相待、相同情况相同对待、不同情况差别对待，分层教育的理念，发现每个孩子的潜能，促进每个孩子的成长。

2. 坚持立足学校实际情况，发展学校特色。学校根据实际情况，利用现有条件创造有利条件开展教育活动，推动学校特色发展。

3. 坚持创新发展，家校协同推进，整合校内外资源，促进德、智、体、美全面育人。学校整合各类资源，教育一个孩子，带动一个家庭参与美育全面育人活动，开创美育工作新局面，促进学生全面发展。

二、扎实推进工作，以美育人

（一）发挥团队力量，打造优秀的艺术教师队伍

学校成立美术、音乐、书法教研组，创设良好的学习氛围，组织教师参与各种教育教学培训，提高教师专业素养和教育教学水平。以音乐教研组为例，我们开展了如下工作。

1. 组织教师参加教育教学培训活动，培养优秀艺术教师，引领青年教师成长

音乐组共有 5 名成员，其中本科学历 2 人，研究生 3 人。老师们年轻、富有朝气，在教研组长的带领下，他们积极参与听课、学习，积极参加教育教学培训。老师们参加柯达伊教法的培训，四位老师拿到柯达伊预备级证书；参加合唱大师班的培训；"戏曲进课堂"培训；"钢琴即兴伴奏"培训；参加特级教师李秀军老师的名师工作室活动。通过培训老师们的教育教学水平和综合素质大幅度提升。

2. 学以致用，站稳讲台，助推教师教育教学能力提升

学校每年开展各种公开课、展示课、推门课等活动，教研组发挥集体力量，集中进行研讨、试课、改课，不断的循环往复，一次次地听评课，整组的老师们贡献集体智慧，在这种氛围下，老师们的教学能力得到快速提升。张若男老师《彩色的中国》一课，参加"2018 北京市中小学教师优秀课堂教学设计大赛"，作为我区唯一一名音乐教师进入决赛，进行了说课和答辩，最终获得一等奖。2019 年任宏明老师设计并讲授《乡村花园》参加该赛事，截至目前成绩尚未公布，但我们相信成绩会令人满意。当然成绩并不是我们的目标，我们的目标是提升老师的课堂教学能力。2020 年音乐组另一位老师也将参加该赛事，这样我们每年重点培养一名老师。在这样的培养模式下，不仅是参赛的教师，组内的每一个老师在这个过程中都得到了极大的提升，而且是逐年提升，不断发展创新。经过几年的努力，我们力求让每位老师都在讲台上光彩绽放。

3. 以美动人，提高教师审美能力，带动教师参与艺术教育

仅靠艺术教师来推动艺术教育是困难的，学校要努力调动全校教师的积极性，使老师们都动起来，全员美育，这首先要提高老师的审美水平开始。我校地处回龙天通苑地区中的天通苑社区，高楼林立，几年的发展变迁，这里看上去已经和城镇别无二致，但只有身处其中才能感受到城乡结

合部文化产业与城区的差距,我们的老师欣赏专业演出的机会很少。从2014年,开始学校尽一切可能为老师们提供观演机会。老师们听音乐会、观看音乐剧、话剧、舞剧、京剧。中山音乐厅、实验剧场、中央戏剧学院剧场中心、国家大剧院、首都剧场等地都留下了老师们的足迹。这样的活动受到老师们的喜爱,也丰富了老师们的生活,老师们感受艺术、欣赏艺术,提高了审美能力和艺术欣赏水平,为后来老师们支持艺术教育,参加到艺术教育活动中来打好了基础。我们的艺术教育队伍越来越壮大,班主任老师、任课老师们都来关注,都来参与美的教育,学校推进艺术教育的基础越打越牢。在后来学校组织的各种大型活动中,班主任、任课老师们发挥作用,带领孩子们一次次的欣赏美、演绎美、传递美。

只要是有了劲往一块儿使的优秀人才,一切工作的开展就变得容易得多。华为任正非在回答记者提问时有一句话:"一所学校好不好,取决于老师优不优秀,而不是校舍漂不漂亮。"我对这句话深深赞同。学校的条件并不是很好,但幸运的是老师很优秀,怎样让老师保持优秀、不断提高老师的积极性和综合素养呢? 一个团结的、积极上进的集体是助推老师成长的绝佳平台,学校要搭好这个平台。

(二)开设优质的美育课程,构建科学的课程体系

学校构建"发现成长"课程体系,在艺术与审美课程模块里,在开设音乐、美术国家课程的基础上,开设书法、戏剧校本课程。开设合唱、京剧、儿童画、民族舞、芭蕾舞、国画、软陶、硬笔书法、软笔书法、校园剧、民乐(鼓、古筝、扬琴、中阮、琵琶、竹笛、唢呐、贝斯、大提琴、二胡、笙、柳琴)、鼓乐、巧手制作、艺术创想、彩色铅笔画、英语戏剧、禅绕画共29门艺术类选修课程。这些课程服务1633名中小学生,让每个孩子都有机会参与艺术活动,促进学生全面发展。

（三）组建社团，打造重点社团课程

学校成立学生京剧、合唱、民乐、舞蹈、禅绕画社团，充分利用校外资源，配合学校教师打造特色社团，组织学生开展艺术展演和各类实践活动。学生社团每年参加学校艺术节、读书节开幕式演出活动，助演学校六一儿童节庆祝活动。社团学生参加昌平区艺术节展演活动获得了优异成绩，初中合唱团荣获一等奖，小学合唱团、京剧社团荣获二等奖。在刚刚结束昌平区第22届艺术节展演活动中，首次参加区级比赛的民乐团获得银奖，获得参加市级展演的资格，这一次孩子们走上了北京金帆音乐厅的舞台，那是北京最高水平的舞台，孩子们自信、阳光、幸福、快乐。

学校组建教师朗诵、舞蹈、合唱、戏剧社团，虽然老师们的水平有限，但是对艺术的爱让老师真情投入。2019年的六一儿童节，舞蹈、合唱、戏剧社团的老师们为孩子们呈现了精心准备的节目，成为现场最火爆、最具魅力的节目，获得了孩子们的热烈欢迎。笔者相信，在这样美的氛围里，老师们的生活和工作会更美、更幸福，孩子们也会更美、更幸福。

社团的组建极大地提高了师生的审美能力、艺术表现力，让美育之花绽放得更娇艳。

（四）开展丰富多彩的美育实践活动

1. 组织观演，营造艺术氛围，提高艺术审美水平

学校每年组织民族艺术进校园活动，心灵呼唤残疾人艺术团、老同学合唱团、北京民族乐团、龙在天袖珍人皮影艺术团、国韵华声艺术团都曾走进学校为全体学生演出，与学生互动，让学生感受民族艺术欣赏艺术作品的同时，增强艺术感知力，增强民族文化自信。与中央戏剧学院合作以来，学校组织学生走出校园，到音乐厅去，到剧场去，观看优秀音乐剧、舞剧、话剧。学校还组织家长和学生一起观看演出，让学生和家长一起感受优秀的传统文化，欣赏艺术作品，家校合作共同推动艺术教育工作。

2. 组织艺术节展演活动，营造艺术氛围，丰富校园文化生活

每年 5 月，学校组织 1~9 年级全体学生艺术节活动，秉承"发现每个孩子的潜能，呵护每个孩子的成长"的办学理念，遵循人人参与的活动原则，设置个人项目和以班级为单位的集体项目，给每个孩子参与艺术活动的机会。

学校演出设备设施有限，仅有的一间报告厅的条件也不是很好，但是学校和老师们都力求用现有条件，营造艺术氛围。也正是在这样的条件下，学校的学生活动一天比一天精彩，水平也一天比一天高。

3. 组织学生参加舞台演出实践，增长舞台经验，提高艺术表现力和艺术素养

2016 年 10 月，学校合唱团第一次走出了校园，到中央戏剧学院实验剧场参加了《剧享童年》演出活动，那是我校师生们第一次认识舞台，了解台前幕后。合唱团演唱《送别》，每当剧场里歌声响起，笔者总能被感动，观众当然也被打动了。之后合唱团又参加了中戏《童心如歌》、师资培训原创剧目《静待花开》的演出活动，就这样一次次绽放，一次次精彩。

为了让更多的孩子感受聚光灯，站上大舞台，学校不仅积极组织师生们参与演出，更是在中戏的支持下组织了学校自己的《小小世界》演出活动。苔花如米小，也学牡丹开。不仅社团的孩子们能登上大舞台，自然班级的孩子也有机会站上专业的舞台。2017 年 6 月，在中央戏剧学院的支持下，11 个班级在学校报告厅完成了戏剧课堂成果汇报演出，更有 7 个班在中央戏剧学院剧场中心镜框式舞台完成了本班级的汇报演出。那次演出的班级演员完全属于自然班，最小的是二年级，最大的四年级。孩子们登上了国家级的大舞台，绽放出了前所未有的光彩。教师朗诵团、舞蹈学生舞蹈团都参与了这次演出活动，演出取得了圆满成功，得到学生、家长、社会的认可。演出活动让孩子们懂得了合作，体会了光彩背后的艰辛，磨炼了意志，提高了艺术素养。老师们、孩子们对舞台艺术有了更深刻的认识，更加热爱艺术，热爱生活。直到今天提起那场演出，笔者仍然激动不已，感动万分。

不仅学生们有机会登台献艺，成为美的使者，我们的老师也克服困难，虚心学习走上了舞台。2017 年 7 月，中戏组织开展了"'高参小'项目师资培训"，学校 4 名教师参与培训，笔者以旁听生的身份全程参与了培训。教师们虚心向学，克服困难，发挥自身优势，与其他 5 所兄弟学校教师出色完成了每一次学习培训和汇报演出任务。2017 年 8 月，老师们演出了木偶剧《胖国王》。一年后，2018 年 7—11 月，老师们全程参与创作以校园生活为题材的原创戏剧《静待花开》。他们把培训学习到的知识全部投入到戏剧创作中，在导演的带领下，承担了剧本创作、谱写歌词、录音和声、分场导演、舞台设计、音响控制、服装道具、舞台监督、形象设计等工作，陈代亮、林熠、于昕 3 名教师还担任了剧中的主演，并和我校合唱团学生一起演唱了主题曲《静待花开》。笔者有幸承担了音效操控工作，深深体会了这其中的苦与乐。四场演出得到了观众们的一致好评，参与的所有师生都对那次演出难以忘怀。

三、展望未来，美丽再出发

为迎接祖国 70 年华诞，2019 年 10 月学校要在学校搭建大舞台，让更多的孩子参与演出，让所有孩子和家长一起在学校观看盛宴，现场互动，实践育人。未来的每一年，我们都要坚定不移的以美育人、以爱滋养人，去发现每个孩子的潜能，呵护每个孩子的成长。

四、结论

艺术极大地满足了师生们美好生活的需要，潜移默化地影响人的情感、趣味、气质、胸襟，激励人的精神，温润人的心灵。笔者的所在学校通过有计划、有目的工作，和老师们一起为孩子们搭建了快乐成长的舞台，实现了学校美育工作的突破，取得了一定的成效，未来将继续在艺术教育的道路上不断努力、不断创新,提高学生审美与人文素养、促进学生全面发展。

参考文献:

[1]《关于全面加强和改进学校美育工作的意见》,国务院办公厅 http://www.moe.gov.cn/s78/A17/A17_ztzl/ztzl_gbmyjy/201709/t20170911_314157.html。

[2]张生泉:《戏剧教育的探索与实践》,中国戏剧出版社2010年版。

校园戏剧教育作用的现状初探

陈代亮 *

内容摘要： 观察和实践校园戏剧的过程里，挖掘校园戏剧在学生成长中起到健全学生品格，社会情感认知，美育德育等方面有独特的作用，也为课程教学提供了活跃的方法。同时，也引起笔者的进一步思考。

关键词： 校园戏剧　美育德育　课程规划　反思评价

校园戏剧在如火如荼地发展，我在学校的教学中，不断观察校园戏剧的态势，也力求在自己的实践中寻找到真谛。

一、校园戏剧的概念

校园戏剧是以在校师生为主体开展的，不以营利为目的，体现校园人文的价值与判断、审美情趣、思维观念的非专业戏剧活动。

中国传统的应试教育对当前学生的人格塑造、社会认知、创造力培养等诸多方面已经显现出其严重弊端。学生们很少有娱乐休闲时间，个别学校为了成绩经常将音乐、体育课都占用。放学后被五花八门辅导班占据，学生成了学习机器。戏剧教育进校园，对于学生来说，仿佛是一股温暖、轻柔的自由之风吹进了校园，而且现如今校园戏剧成了校园文化的坚实载体，不仅加强了校园文化建设，在塑造学生良好人格等方面也发挥了重要作用。

---

* 陈代亮：北京市昌平区天通苑学校小学部美术、书法教师。

二、校园戏剧的作用

1. 健全学生品格

德育：党的十八届三中全会报告中明确强调要以"立德树人"为基本导向，促进学生全面发展。德育教育，正成为教育的重中之重。但通常的德育手段却相对滞后，从小学的品德课到大学的思政课，德育教育都抹不去"说教"的痕迹，形式化、表面化的宣教内容也很难与学生产生共鸣。而借助校园戏剧的载体，通过看戏、演戏，学生们将自我融入戏中角色，身临其境去体悟剧中人物的心理状态，价值观的宣传灌输也不再那么生硬，在润物细无声的无痕式教育中培养学生良好的道德修养。

智育：现在大部分的课程都只需要学生坐、看、听老师讲解，对于知识的奥妙，一时间只能领略其中一二。而戏剧课堂要求学生亲身实践方能明白老师所要表达的意蕴，让他们在课堂上有自由活动的机会，处于积极参与、积极思维的状态。在戏剧课堂上推动学生用自己的认知来面对或处理问题，在解决问题的过程中，建立起转换与调整的应变能力，最终可以组织个人行为以解决不同的外在问题。

体育：学生们在进行戏剧训练时，会按照表演要求进行肢体与体能方面的训练，这与体育教学的要求不谋而合。通过戏剧的肢体训练，学生们能够改善形体形象，锻炼身体，有利于学生身体健康发展。

美育：学生排演校园戏剧的过程，需要不断与美对话，创造美、思考美。表演的学生们，不仅可以使自己融入其中，获得精神的升华，同时也能够运用戏剧强大的表现力，把生活中美的事物淋漓尽致地展现给观众，引导其赏鉴和思考。而观剧的学生在观看过程中得到了审美上的体会，根据各自的生活经验，发挥想象力，领悟其意味，最终收获对美好事物和情感的感悟。

群育：人生活在群体中，没有一个人能够离群索居，而当今的学生以独生子女居多，对学生的群育教育越来越引发学校和社会的重视。校园戏剧正好为群育教育提供了一条途径，学生们通过排演，对自己、对对方有了更深刻的了解,增进了彼此间的感情。因为没有任何戏剧活动是只靠个人力量完成的,它需要每一位成员积极参与才能成就。参与者需要尝试放弃成见、积极合作,透过活动实践团队活动、学习处理冲突,与人协调及合作的技巧,可以有效改善当前学校生活中强调社会性、削弱个体性的局面。

2. 丰富教学手段

戏剧教育将学生的被动接受,激发学生的感知能力,变为主动汲取。校园戏剧作为一种教学手段可以与各个学科融合,尤其语文、英语学科,丰富这两个学科的教学方法。很多学生不喜欢语文,觉得枯燥,例如语文教学中的古诗词教学,最难的是理解作者的情感和当时的大环境,学生总是以读者的身份被老师灌输悲痛情感、喜爱之情等等,很难感同身受。但语文教学就可以与校园戏剧融合,通过改编诗词,用戏剧表演感同身受的方式体学习诗词,体会情感,变被动为主动学习,同时创作没有现成的模板可用,学生们必须先分析剧本,对时代背景、习俗文化、服装道具等许多方面进行思考,这就是学习诗词的过程,比传统课堂老师台上讲,学生台下听效果好得多,而且创作中充满智慧、娱乐、生动和趣味,激发学生的学习兴趣,不再认为这些学科枯燥乏味。

3. 提升社会情感认知

现在的学生被家庭、学校、社会保护得越来越"封闭",不会交往、说话、礼数,眼里只有自我,很少有他人,很缺乏社会情感认知。主要会出现在班级里,同学之间产生矛盾不会化解。戏剧教育走进校园,可以提升学生们的情感认知和社会认知。在剧本分析过程中,学生要对人物性格、角色关系、生存时代及生活环境、地域文化等进行了解。孩子们开始以旁观者的眼光来理性分析和看待这个世界。比起平时,老师和家长要求学生要替别人着想,换个角度考虑问题更有效。在人物塑造过程中体验丰富的情感和多样的社会,开始懂得人际交往、社会和谐、矛盾冲突及如何解决。学生们的情商在不断提高,生活的阅历在不断丰富。

校园戏剧可谓"独树一帜"。

（1）剧本内容取材现实生活

校园戏剧以学生为主要参与者，体现当今学生对个人人生观与价值观的评判与审视，表现学生的生存环境和生活状态，能更直观、更生动、更真切地反映学生精神生活和情感世界与理想追求。所以校园戏剧最大魅力是真实性，更贴近生活引起共鸣，所以演员情感上更投入、更自然、更有感染力，台上台下不再是演员与观众的关系，而是倾诉者与倾听者的关系。

（2）校园戏剧具有自由创作空间

校园戏剧的舞台上没有太多专业评判和标准，只有尽情展现自我，学生自行参与创作，无过多的束缚，在自由创作中把对时代的反思，对社会的感触，生命的感受借助他们能理解的形式表现得淋漓尽致。

（3）具有更多流行元素和话题

随着戏剧文化的发展和观众欣赏水平的提高，既需要放松地观赏，也要富有内涵引发思考。校园戏剧与时代接轨，如同学讲自己的故事加以大量的流行元素，让观众更感兴趣，演员更投入，戏剧中加上流行元素不仅活跃现场气氛，也体现学生当代个性。

三、校园戏剧的开展实施

1. 校园戏剧课程的规划

学校可以根据实际情况开设课程，例如校本课程、学生社团、课后兴趣班等。校本课程要保证每周每班上一节课，每学期保证15节课来排演一个完整剧目。学生社团和课后兴趣班时间比较灵活，可以每周选取一天，利用放学后一小时来排演。教师配备要师徒结对，聘请专业教师的同时校内选拔教师进行培训，以使戏剧课程可持续发展。

2. 全员参与分工合作

在理论知识讲述、赏析中，鼓励学生根据自己喜好的剧目进行自由组建、完成排练,给学生提供同台竞技的机会,对于表演欲望不强的学生可以鼓励参与舞美、音乐音效等工作,保证团队整体参与度,让学生在实践的同时增长自信,提高合作参与意识,让表演能力和审美能力得到提高。

3. 教师进行全程指导

校园戏剧排演中,既要强调学生主体,又要兼顾教师的指导作用。初期,教师作为指导者进行创作和把握,剧本的选取、角色的分配、剧本的分析等在尊重学生的主体基础上教师要主导决定。中期,教师是人际关系的协调者,排演中难免演员之间有摩擦或者演员自己陷入表演困境,教师要及时发现并及时沟通解决。后期,教师要带领学生进行总结、反思,并请专家来给予指导。

4. 对学生进行多元评价

在全面素质教育的今天,每个学生都有闪光点,校园戏剧教育重点不是培养专业演员,而是要提高核心素养,重视学生的参与兴趣,合作意识,思考创意,教师要善于发现学生的优点并加以鼓励表扬,但评价要多元化,可以观众投票,学生之间互评,家长评价,教师点评等,让学生从多方面得到鼓励。

四、校园戏剧的美中不足

(1)现在的校园戏剧内容繁杂,甚至呈现出恶搞的内容。

(2)缺乏明确理念和责任感,无制度,无机制,无重视度,甚至不知道戏剧教育是什么。

(3)大部分学校缺乏资金和师资力量,无力承担戏剧教育的持续推进。

(4)优秀剧本的保存不完善,因为校园戏剧的剧本素材来源于真实生活,所以创作出的作品都很珍贵,但是很多学校创作出了优秀剧本,却因为机制不完善而导致作品流失。

针对以上问题，建议采取以下措施：

（1）每次确定剧本前要确定好演出立意，做好定位，重视优秀剧本的创作。

（2）健全校园戏剧的机制，每学年制订出训练演出计划，责任到人。

（3）稳定戏剧教育的可持续发展，提高资金和硬件的保障，重视戏剧教育，提高学校领导的认同度，保障戏剧教育的持续发展。

（4）充分利用网络技术做好网络平台的宣传、分享，提高校园戏剧的社会影响力，每次演出结束及时总结反思，并做好资源保存。

校园戏剧是"润物细无声"的教育，虽然现在很多学校已经迈出了第一步，但是必须要抱着踏踏实实的心态，不停总结教训，积累经验，随时反馈调整，才能探索出适合中国国情的校园戏剧课程，需要所有戏剧教育者共同努力。

让孩子们的学习"活"起来

吉 喆*

内容提要：面对课堂上出现的问题，引发了作者思考，对于低年级的孩子，如何才能激发他们的学习兴趣呢？反观当今日常教学，更多时候，学生仍只是以一个旁观者的角度去看、去听、去感受，而缺少一种身临其境的真实体验。"兴趣是最好的老师。"当语文教学融入了戏剧教育后，擦出了不一样的火花，激发了学生的学习兴趣，提高了学生的语言表达能力及自信心。

关键词：童话故事　戏剧教育　培养兴趣　语言表达

在日常教学中我发现，升入二年级后，一些学生觉得自己"长大"了，开始变得"害羞"了，不愿意在课堂上回答问题，即使老师点名回答，也是支支吾吾的，不愿意大声说出来，其实他（她）也不是不会，就是觉得不好意思，抑或是怕自己说错。面对这样的现象，我开始思考，怎样引导才能让学生在学习中找到自信，愿意展现自己，大胆表达自己观点呢？

一、研读课标要求，寻求崭新方法

作为一名新入职教师，有幸与部编版的新教材美妙邂逅。我深知《课标》对语文教学的重要性，于是，我从研读《课标》开始，了解低年级学

---

* 吉喆：北京市东城区分司厅小学语文教师。

段的要求，明确的目标。《课标》中"让学生阅读浅近的童话、寓言、故事，向往美好的情境，关心自然和生命，对感兴趣的人物和事件有自己的感受和想法，并乐于与人交流"，这段话对我的触动很大。

  于是，我把一二年级的教材细心阅读，发现语文教材在选篇时采用了：经典性、文质兼美、适宜教学和时代性四个标准。根据低年级儿童特点教材共选用了童话29篇，占全部选文85篇的34.1%。童话故事为什么会密集出现在一二年级的教材中呢，这引发了我的思考。这段时间我正在参加"高参小"戏剧项目的培训，结合班级中学生出现的问题，我为什么不能充分利用这些童话调动孩子们的学习热情呢？让孩子们在戏剧表演中汲取知识、诠释梦想、抒发感情。

二、开发童话故事，结合戏剧教学

  正逢二年级下学期即将讲第七单元的童话单元，我在想，也许可以在孩子们喜欢的童话中来解决问题。

  带着这样的想法，我开始制订第七单元的教学计划。第七单元有四篇课文《大象的耳朵》《蜘蛛开店》《青蛙卖泥塘》和《小毛虫》。我想在讲解每篇课文时，除了完成每节课的识字、写字和理解课文等基本教学任务外，把戏剧教育的一些内容应用到这几篇的童话学习之中，串成"读""编""演""悟"这四步，希望用这种方式把学生带入丰富多彩的童话世界，激发学生的学习兴趣，提高孩子们的参与度。

  按照计划，我开始尝试进行第七单元的教学。《大象的耳朵》是第七单元第一篇课文，在讲这篇课文时，我首先借助小道具激发学生的学习兴趣。"大象在路上散步，它遇到了哪些小动物呢？它们对大象说了些什么？"在学生回答大象遇见哪些小动物时，边说我就把小动物的手偶贴在黑板上。看到了手偶，孩子们一下子激动起来，举手发言也踊跃了很多。接着，我以朗读为主线，引导学生读小兔子和小羊的问话。教材中省略了小鹿、小马和小老鼠对大象说的话，我抓住这一时机注重培养学生的想象能力和表达能力。于是，我说："同学们，想象一下小鹿、小马和小老鼠看见了大象，又会对它说些什么呢？你能仿照着课文的说法练习说一说吗？"在学生分组练习了对话的基础上，接下来，我通过手偶进行师生角色对话，利用文本培养学生语言表达能力。像这样利用手偶，情景再现大象与小动物的对话，使孩子们的朗读积极性更高了，也为学生理解大象的心理变化做了铺垫。在第二课时的教学中，我和孩子们一起在读中理解大象的心理变化的过程。本课的教学难点是理解大象说的"人家是人家，我是我"这句话的意思，在讲到这时，有个平时不爱回答问题的孩子拿出了前一天他在家查找的关于动物耳朵的小资料，希望讲给同学们听，这让我很惊喜。他给大家介绍了小兔子、蝙蝠和松鼠等小动物的耳朵，同学们都听得十分认真，还对他报以热烈的掌声表示感谢。这时孩子们就更加清楚了，原来每种动物的耳朵都是不一样的，都是有用的。一下课，这个孩子飞快地跑过来，兴奋地对我说："吉老师，我还知道鼹鼠的耳朵就没有耳廓，这样便于在地洞里钻来钻去。鸟类的耳朵也是没有耳廓的。如果有耳廓，它们飞行时就会增加阻力……"我耐心地听着，最后他说："老师，学语文还挺有意思的，我愿意和同学们分享更多的小知识。"

听了孩子的话，我很感动，也深刻体会到了《课标》中指出的"语文教学应激发学生的学习兴趣"的重要性。

在第七单元第二篇课文《蜘蛛开店》的教学中，我首先设计了精美的板书，在黑板上画了一张漂亮的蜘蛛网。让孩子们结合课文内容分别把小蜘蛛卖的口罩、围巾和袜子画了上去。再引导学生结合故事发展说一说河马、长颈鹿和蜈蚣这三位客人和小蜘蛛之间发生了哪些有趣的故事。孩子们分小组讨论，很快全班都能把故事讲明白了。这时我提出问题："同学们想一想，小蜘蛛还可能会遇到哪些有趣的客人呢？"学生你一言我一语，有的说："小蜘蛛接着要卖毛衣了，这时来了一头大象……"，有的说："小蜘蛛还是决定卖坐垫吧，这个好织，挂出招牌后来了一头熊……"孩子们的积极性都很高，通过想象和创编，大家发现小蜘蛛开店每次都不成功，这到底是为什么呢？最后大家经过讨论找到了原因。就这样，我们在一片欢笑声中完成了这篇课文的学习，也让我在课堂上看到了更多的活跃的小身影。

在前两课读故事、讲故事和编故事的基础上，《青蛙卖泥塘》这篇课文的学习我想带领孩子们演一演他们心中的童话故事，来让更多的孩子参与和投入到课堂中。在最后环节，我让孩子分小组借助头饰进行表演，有的小组同学设计了动作，有的制作的小道具，还有的创编了有趣的语言。学生在表演中享受着童话带来的乐趣，在激起学生对童话故事的喜爱之情的同时，也激发了孩子们学习语文的兴趣。

本单元最后一课《小毛虫》，课文不长，我选择让学生先在自学中理解课文内容。"同学们，想象你就是这只小毛虫，你都经历了哪些变化？在变化中你有什么感受呢？"这时，我播放轻快优美的轻音乐，经过了前面几节课的学习，孩子们很容易就能在朗读中进入了课文情景中。在课文学习中，我以朗读和引导为主线。学生在朗读、讨论和回答的过程中，感同身受地去体验小毛虫历经的蜕变，使学生更深刻地明白其中蕴含的人生哲理。课上一个孩子的话打动了我，她说："老师，我觉得小毛虫特别了不起，我也想像它一样。我想成为一名服装设计师，但是我知道不能着急，我现在先要把画画学好。"我想，其实这就是我们在语文教学中的一个重要目的，让孩子们在学习中不断认识自我、了解自我。

三、调动学习兴趣，表达内心感受

班里孩子们的能力不断得到提高，我觉得这个单元的教学设计是成功的，通过课文把"读""编""演""悟"这四步串联在一起，让孩子们走进美好的童话世界，换一个角度认识自己。反观自己的教学，更多时候，学生仍只是以一个旁观者的角度去看、去听、去感受，而缺少一种身临其境的真实体验。学生对语文学习的印象是识记、背诵、练习、考试……这样的学习，我想一定不能很好地激发学生的学习兴趣。经过这个单元的教学实践，我把戏剧教育的一些内容融入课堂后，我发现课堂在发生着微妙的变化，学生由旁观者变成了参与者，孩子们的注意力被牢牢地锁住，学习兴趣也一下子迸发出来了。

"兴趣是最好的老师。"我想，在今后的教学中我可以把这样的教学方法更多的带到课堂上，让学生在感受中展开想象，激发学习兴趣；在语文学习中发现另一面的自己，成为更好的自己。

浅谈戏剧教育中的绘本改编

林 熠[*]

内容摘要：通过绘本教学的实践，对戏剧教育中针对儿童及青少年生命的教育，展开思考，希冀通过戏剧教育的观点，利用绘本其特有的优势，形成对教育对象的人格的提升。

关键词：戏剧教育　绘本教学　改编绘本　美育融合

从戏剧教育与文化教育的联系和结合中，遵循戏剧教育的特点和学生成长的规律，从戏剧教育和绘本教学共同的"以美育人""以文化人"，构建科学的美育课程体系，确认从艺术素养的角度提升学生的综合能力。

一、戏剧与绘本

戏剧教育是在社会文化及文化教育过程中，把戏剧元素作为教育方法应用在教学或社会文化活动中，让学习对象在戏剧实践中达到学习目标和目的。

绘本，顾名思义就是"画出来的书"，指一类以绘画为主，并附有少量文字的书籍。绘本不仅是讲故事、学知识，而且可以全面帮助孩子建构精神世界，培养多元智能。

---

[*] 林熠：北京市昌平区原天通苑学校语文教师，现在昌平一中。

二、绘本的价值

1. 主题广泛

绘本体裁上多种多样，甚至涉及战争、死亡、离异、性教育等。《云端的哈利》诙谐地讲述了虽然再也看不到哈利，却能感受到他的存在，与哈利在一起的片段不断在记忆中复活。让学生明白了什么是死亡，它给自己带来的不仅仅是悲伤，还有难以取代的时光和喜悦。因此绘本有助于学生对抽象词语的理解，如友爱、无私、死亡等等。在《你看起来很好吃》这本书中，讲述了霸王龙从欺凌到友爱的转变故事，不论大个子还是小个子，都有自己的善良一面，当真诚相待打动对方之后，即使再顽固的劣性也会感化。让学生从中理解什么是友爱，同学之间应该怎样相处。

2. 激发想象

想象力可以将学生带入一个虚拟的世界，实现生活中不可能实现的梦想。戏剧教育不是传统意义上教孩子表演的方式，它的重点在于创造一个情境，将学生置于这个情境中。首先，学生可以通过绘本封面，发挥想象猜测故事内容，激发阅读欲望和语言表达能力。其次，绘本中会有许多隐藏的细节，让学生以不同角色投入戏剧之中。学生必须经过丰富的想象，把一页一页的故事联系起来，把图文联系起来，把细节与剧情联系起来，才能走进绘本，在《大卫，不可以》这本书中，几乎每一页的文字就是一句话"大卫，不可以！"，一句话贯穿整本书，如果只看文字学生是无法理解含义的，更多的信息在配图中，学生要充分发挥想象，踮着脚他想做什么，把锅扣在头上他要做什么，盯着电源孔他又想做什么，而且图画上的内容，展示出即将发生的危险。整个过程学生必须经过想象、联想，才能理解贯穿整本书的那句"大卫，不可以！"的含义，能理解后果的严重性。

3. 健全品格

绘本把知识融于故事，例如《不一样的卡梅拉》系列丛书，是把地理、人文、科学知识融入一群小鸡的生活中，既有趣又博学。这样的绘本改变成戏剧表演出来，会激发学生始终积极参与、积极思考。在表演中学习知识，进而推动思考，学生在互相行动中产生有机的思考，总比教师催促的、被动动脑思考效果更佳。

绘本最大的特点就是图片美，要把书中的图片美转换成舞台上的动作美、语言美。学生排演的过程中需要不断与"美"对话，创造美、思考美。表演时，不仅可以使自己融入其中，获得精神的升华，同时也能够运用戏剧强大的表现力，让观剧的学生在观看过程中，一起得到了审美的提高。

三、改编过程

1. 选材

根据学生的认知能力选择不同的绘本激发兴趣，例如表现朋友互助可以选择《小鸡球球》系列；科普知识方面可以选择《神奇的校车》系列；表现人间冷暖可以选择《我是霸王龙》系列；行为习惯可以选择《小猪唏哩呼噜》《大卫，不可以》系列等等。同时，高年级和低年级的选择也有差异，高年级学生可以选择几米的系列丛书。

绘本也涉及各个学科，数学的有《马小跳玩数学》《数学帮帮忙》，英语的有《大猫英语》系列和《攀登英语》系列，等等。在绘本选材上要充分考虑到年龄特点和书籍特点，选择最适合孩子的绘本改编。

2. 诠释

绘本最大特点是短而美，文字短造就了绘本不言而喻的寓意，把不言而喻的道理视觉化形象化，达到升华。如何把这样的文字形象转换成舞台形象，才是绘本改编的重点。一般绘本会以一个人物讲述一个故事，故事情节不会太复杂，尤其低龄绘本，剧情非常简单。

优秀的绘本道理深刻，不易被学生理解，这时就需要老师带领学生利用改编的方式，将书中的道理形象化。绘本中往往会有一个明显矛盾冲突，但围绕这个冲突可以有不同角度的想象，选取最符合本班学生情况的角度展开想象，深度挖掘人物内心和潜台词。《不一样的卡梅拉——我想去看海》这本书中主要矛盾是卡梅拉拒绝日复一日地下蛋，想去看海。但是在这一系列的行动中有不同的事件可以作为侧重点进行改编，例如追求梦想、独自出行是否安全、航海知识、美洲大陆如何被发现、遇到坏人如何解脱等等，都可以作为演出立意。假如从追求梦想这个角度出发，引导学生大胆想象小鸡去看海这个梦想是否实际，它为什么不想乖乖留在家里下蛋，引导学生仔细观察每一幅图，不难发现周围的环境是光秃秃的山，周围的朋友都是一样的甚至连羽毛颜色都一样，所以她想突破自我，打破千篇一律，想去看大海。但要注意绘本改编不是简单形式的转换，如果单纯变成台词和舞台提示，在短小的原作上增加唱跳场面，对较长的原作进行物理压缩，只会让绘本变成故事朗诵，使作品缺乏舞台想象。成功的改编应有新的诠释，要有主动性和创造性，在对原作品充分阅读理解基础上寻找符合时代学生精神的演出立意，使作品进入更高的精神层面，不仅从大人视角看待世界，还要了解学生眼中世界的样子。

3.改编

通过解读，从细节出发挖掘人物的潜台词，而且要把书中语言台词化，因为绘本中的文字较少，大部分的对话是通过学生讨论分析、创造出来的，确定这些台词能够充分表现人物性格、思想，通俗自然而且精练准确，并适合舞台表演。同时，如果人物较少可以增加角色，但都要围绕一条行动轴线增加人物，不能随意增加与主题不一致的人物，让短小的故事变得更加丰满。通过让矛盾尖锐化使道理表现得更加明显深刻。

把绘本改编成剧本之后，从中找出即有表演困难的情节或者人物形象，把这些小的难点改编成形体操和戏剧游戏，例如卡梅拉这只小鸡的动物模仿可以进行形体训练，或者卡梅拉来终于看到大海但是却遇到了种种困难，利用海上的不同情况进行戏剧游戏《海上音乐会》，学生模拟海上不同的声音，例如海浪，狂风巨浪，海鸥，鲨鱼跳跃等。通过形体训练和戏剧游戏先突破一些难点，引入情境。

在形体训练和戏剧游戏的铺垫下开始创作完整的演出。教师带领学生从剧本中找出比较重要的事件，并在每一个事件中找出主要矛盾冲突，把排演中的重点放在如何使这些事件中的矛盾尖锐化，带领学生一起讨论用什么形式的舞台调度更能体现这些冲突，语气应该怎样，动作应该怎样，表情又该如何，需要哪些道具，配上什么样的音效和灯光等，均由老师带领着学生共同创造，学生通过一次次这样的改编重新认识绘本，认识阅读，并不是为了完成任务，而是整个过程成为精神食粮。

绘本可以带领学生进入一个神奇的世界，对学生想象力和语言水平都具有重要的培养价值。戏剧教育作为一种情境式的教学方法，让学生以轻松愉快的方式获取知识，激发学习兴趣，使其能更好地理解绘本故事内容。教师开展绘本改编的戏剧教学，需要根据幼儿的年龄、身心发展特点进行改编，深度挖掘绘本的教育价值，从而让学生健康快乐成长。任何戏剧活动都是集体力量的结晶。学生也透过戏剧活动学习到与人协调、合作的技巧，有效发展美育、智育和群育。

初探戏剧课堂形体训练的意义

陈代亮[*]

内容摘要：课堂形体训练是戏剧教育中重要的教学环节，有目的的形体训练，可以培养学生的气质，陶冶情操，提高审美。

关键词：戏剧教育　形体训练　增强体质　提高审美

戏剧教育是在社会文化及普通教育过程中，把戏剧元素应用在教学或社会文化活动中，让学习对象在戏剧实践中达到学习目标。戏剧最大的特征是行动性，教师在组织舞台行动时需要学生有较好的形体表现，所以，在戏剧教育中形体训练是很重要的环节，形体训练能培养气质，陶冶情操，增强体质，也是对儿童进行德、智、体、美综合教育的重要手段。

戏剧教育课堂中的形体训练，能够更好地达到戏剧教育目的，推进戏剧教育的实施。

一、形体训练的作用

1.矫正体态、增强体魄

日常生活中，学生有时由于不良的姿态习惯，会出现弓背含胸、端肩缩脖等不美观的体态，使得学生看起来缺乏气质、缺少活力。形体训练中针对肩、胸、上体的活动，和配合腿脚训练，逐渐改变习惯动作。

---

[*] 陈代亮：北京市昌平区天通苑学校小学部美术、书法教师。

从身体机能到姿态，塑造出学生朝气蓬勃、积极向上、充满活力和自信的姿态美。

在这个时期，学生处于身体生长的关键时期，进行形体训练的培训能够使呼吸、心跳、肌肉、骨骼都得到充分的训练，加快其机能的发育，加快新陈代谢，增强学生体质。例如，采用对肩、腿、腰等部位的拉伸训练能够锻炼学生的柔韧性；采用舞蹈、戏剧操等组合动作能够训练学生的身体协调性；基本功训练中的仰卧起坐、高抬腿等动作可以锻炼学生的力量和身体爆发力。通过这些练习，提高了学生的健康水平，使学生的精力更加充沛旺盛，学习起来更有节奏和效率。

2. 培养气质、提高审美

气质是一种内外结合之美，既包括挺拔优美的姿态，又包括一个人的言谈举止、精神面貌。对于学生的形体训练应利用舞蹈里的姿态、柔韧、呼吸等对学生进行分阶段训练。在形体的训练过程中，学生对舞蹈姿势的学习，使得舞蹈的内在气质潜移默化地对学生产生影响。比如利用芭蕾的基础脚位、手位训练学生的站姿；利用民族舞对学生表现力和协调力的训练；利用古典舞对学生行动流畅性的训练。此外，形体训练给学生的性格塑造给予启发，内敛的学生接受爵士的相关训练可以更加自信，更乐于表现自己；活泼的学生学习芭蕾可以变得稳重，落落大方，使得学生变得更加有魅力，更能充分地表现自我价值。

形体训练可以对学生进行美育教育，它能使学生树立正确的形体审美标准，具备辨别审美取向的能力。现在很多高年级学生对审美有偏差，追求"个性"，认为低头耸肩是个性，歪头驼背是特色，从身体和心理上都造成了伤害。形体训练首先是美的一种形式，它包括形象美、动作美、造型美、旋律美等，学生在教学中通过这些美的感染，对美有了直观的、初步的印象，成为一个能够体验美感的人。从站立姿势到坐、跪、蹲、卧、撑的姿态以及走、跑、跳、转体等基本姿势，这些基本姿态的培养，都能从"美"的角度出发对学生的练习严格要求，同时学生在练习中通过动作的表现形式，以优美的姿态，健康的人体审美自我，审视他人，以求在艰苦的训练中得到美的享受，得到自我的满足，不断地发展自己的审美观念。

3. 磨炼意志、激发思考

现在的学生普遍生活条件优越，多数又是独生子女，劳动观念不强，承受力差。形体训练要求学生达到一定的强度负荷，要忍受柔韧练习中的疼痛，训练中学生的种种对抗心态，例如腿部拉伸，对于没学过舞蹈的学生会有疼痛感。学生在老师的不断鼓励下，坚持学习，一次比一次时间长，一次比一次幅度大，通过长期磨炼逐步让身体提高适应能力，继而在训练中逐步产生出轻松愉快感。长期坚持训练，能逐步形成良好的习惯，这对学生坚强的意志品质、吃苦耐劳精神和心理素质的培养具有重大意义。

在戏剧课堂上，形体训练与戏剧游戏可以结合在一起。这些形体训练与"老师教，学生模仿"的常规形体教学模式不一样，是以学生为主要编创者，在既定的情境中运用肢体表现自我。学生也可以即兴创编，培养学生的表现力和创造力。老师可以采用各种风格的音乐来激发学生的潜在创造力。在这个过程中，学生既需要运用在生活中累积的经验来进行动作编创，又需要运用平时在训练中学习到的动作技巧。例如：让学生自编《熊出没》形体操，这首歌的歌词有很强的行动性，"冬眠假期刚刚结束，我还有点糊涂，鸟儿在头顶把森林叫醒，春天空气让我很舒服……"学生分小组合作，根据歌词发挥想象力，创编形体动作，运用掌握的形体动作，将歌词用动作串联起来，合成一个完整的形体操。学生在形体训练时又培养了创造能力。

学生在日常生活中不仅要热爱生活，有一双善于观察的眼睛，从生活中发现可以运用到舞蹈中的素材；而且，也要具备信息筛选能力，哪些动作适合此时的情境，能够融入舞蹈中去，这就要求学生提高自我判断，独立思考的能力。在不断学习、不断实践、不断改进、不断创新的过程中，培养了学生的创造力、想象力、独立思考和实践能力。

二、形体训练教学实施过程

1. 设置情景，确定内容

情境导入，让学生设身处地地进行思考和讨论，还可以运用背景音乐、戏剧道具等教学用具激发学生的学习积极性和创造力。例如站姿训练之前播放《小松树》歌曲，让学生进入情境，讨论小松树的样子，说说它的特点，模仿小松树准备进入站姿训练。

2. 师生互动，学习动作

通过直观表现，让学生模仿基本的动作。例如站姿训练可以借鉴芭蕾舞的脚位和手位，教师讲解，学生直观模仿，用音乐帮助学生克服困难，坚持学习。

3. 分组练习，互相评价

全班同学进行分组，各组可以围成一个圈，进行巩固练习。围成圈后，学生面对面能够互相指出不足，能有效地提高学习效率。

例如分组比赛，增强集体荣誉感。

4. 拓展延伸，动作创编

在基础动作的基础上，发挥学生的创造力，让学生对动作进行创编，激发学生的创作思路，培养学生的实际创编能力。

5. 课堂小结，强化认识

对本节课内容进行归纳总结，帮助学生巩固学习知识，并对学生进行点评。

三、形体训练的实践思考

我在三年戏剧课的实践过程中，发现一些问题并有了以下思考：

1. 形体训练变成独立舞蹈课

一学期下来学生会跳一两个形体操，例如《小燕子》《上学歌》，但是形体方面效果甚微。一方面因为课堂时间短，组织纪律需要一部分时间，班额太大，每次形体课总会被外界因素缩短时间；另一方面形体课与其他环节不相关，学生每次形体课内容与后续戏剧游戏、剧目排演关系不大，甚至没有关系，只是每节课重复形体操，类似每天做的广播体操。小学生的课堂需要连贯性的情景设置，最好前后一致。例如形体训练是《小松树》，后面的戏剧游戏也跟树木有关系，最后的排演剧目里也有大森林树木的情节，这样彼此贯通，环环相扣。所以要提前把每学期要排演的剧目规划好，并根据剧情分解出四五个形体训练项目，每个月更新一次形体训练课内容，有辅助于最后剧目的排演。在教完基础动作之后鼓励学生自创形体操，把课堂多交给学生，老师只做引导者，不做引领者。

2. 形体训练过于追求整齐度

戏剧教育本身不是以培养专业演员为目的，所以各个环节都应以参与为主，至于学生腰弯下多少，腿踢到哪里，向左还是向右，不应该过于要求整齐。尊重学生的个体差异，以塑造体态为主，并要关注学生的身体安全，避免幅度过大受伤。

形体训练的实施过程和作用，都是围绕着戏剧教育的培养目标，既可以培养学生素质的全面发展，又可以成为艺术人才的培养摇篮。戏剧教育需要一个教学实践过程，才能形成符合当下中国国情的戏剧教育课程。

三
戏剧排演体验

通过《静待花开》创排演收获来自艺术人生的感悟

《静待花开》排演感悟
——我们潜心学习感恩收获

于 昕*

带着依依不舍，带着念念不忘，"高参小"项目师资培训计划中原创话剧《静待花开》已经落下帷幕。从2017年暑期参加中央戏剧学院组织的集训开始，戏剧创作与表演的种子已埋在心里，就好似这个剧目的名字，我一直在汲取养分，期待花开。

排演《静待花开》话剧，是一个潜心学习的过程。我们跟着编剧老师做生活讲述，在那间小小的教室里，吐露心声，泪眼婆娑。每个人都有成长的经历，这些真实的故事就是我们创作的源泉。当第一次读到剧本的时候，肖主任和女儿的亲情，王老师与家长之间的谅解，徐老师对学生的温暖都深深地感染了我。剧本创作就是用心在讲故事。接下来，舞台美术设计，灯光设计，服装化妆设计等专业课程逐一开讲，老师们为我们呈现精彩的中外名作，带着我们走进剧场，舞台的神秘面纱被我们一点一点揭开。

2018年暑期集训，剧目排练正式开始。在导演的指导下，我们分担了编剧和分场导演的任务。作为分场导演，从统筹演员，设计灯光、音效，组织排练等方面，我体验到一位导演的运筹帷幄。排练过程，导演不断地激发我们的表演热情，捕捉我们身上最真实、最自然的状态，帮助我们塑造人物。很感激导演的信任与鼓励，带着我们这群演艺"小白"闯荡话剧舞台，让我们把最真诚的表演献给观众，也献给自己。

---

* 于昕：北京市昌平区天通苑学校小学部英语教师。

还记得"陈爽"这个角色的戏，是在和老师一次又一次的畅谈中丰富丰满的，她让我发现并总结了自己与学生之间那种互相信任、伙伴式的关系，赋予了角色不同的魅力。如果没有这次表演经历，可能我永远也不会说出：作为一名"非传统型"老师，我活在他们的生活里。能把自己的故事带到舞台上，无比感慨。

《静待花开》的排演过程，同时给予了我太多感动。首先，中央戏剧学院专业的教师团队，专业的师资培训，让我有机会重新走入校园，在教室里享受做学生的快乐。其次，最激动的是我居然也实实在在地做了一次演员。生活里就一直喜欢模仿很多人物，有的时候还很分裂的一人分饰多个角色，自己跟自己吵架。这一次，真的站到舞台上，站在聚光灯下，真的和对手在表演吵架，真的是太激动了。当在舞台上听到自己的声音，讲述着属于自己的故事时，又不知不觉湿了眼眶。戏剧真的魅力无穷！

当然，很幸运遇到了这样一群热爱戏剧教育的伙伴们。虽然我们工作在不同的学校，但是中戏的排练室里有我们的汗水、欢笑和眼泪，这份难得的友谊也是戏剧带来的财富，惜缘。

每个人都有成长的经历，有幸参演话剧，是记忆中风景的亮丽；

每一次出发都充满意义，在排练中的学习与收获，是继续前行的动力；

戏剧教育的种子，细心灌溉，静待花开，才是意义；

感恩所有相遇。

《静待花开》排演感悟
——我们经历一场不平凡的"旅行"

陈代亮[*]

《静待花开》已落幕,我的心情回到家还久久不能平静,仿佛总有一口气憋在心里发不出去,可能是,入戏太深了。脑子里出现太多的画面,脑海里回荡太多的声音,我想写点什么,作为纪念,纪念不平凡的一次"旅行"。

经历连续几天台前幕后的忙碌,让我忘记了时间,若不是舞台监督通知大家"该备场了",我们才"醒"。我们都没有了时间观念。

历时数月的创作、排练,我们的《静待花开》终于面对观众了!

我们了解到完整的艺术创作过程,感受了戏剧的主题,体会了现实中难以遇到的矛盾冲突。我们为能够把活生生的故事、搬上舞台演给活生生的人们看而感到无比荣耀!戏剧已在我们身边发生。

通过塑造角色、走上舞台,我才体会到"看戏的是傻子,演戏的是疯子"。不管是看戏的还是演戏的,每一个人都从剧中或多或少有所感悟,这就是戏剧创作的目的。我觉得,做人要有情怀,做事要去换位思考。

说到情怀,往大了说要爱国爱党爱人民,往小了说要热爱每一个人。我们老师就应该爱校爱生爱同事,如果能做到这一点,你不会为劳累的工作而满腹牢骚……会主动承担工作,挑战困难,解决问题。《静待花开》排练时,我不仅要完成学校的各项工作,还要面临妈妈被检查出乳腺癌中

---

[*] 陈代亮:北京市昌平区天通苑学校小学部美术、书法教师。

期，做手术的情况……第一场演出的时候，妈妈是在化完疗、换完药后还来看我演出……"勇于担当，正直做人"这是我的情怀，是妈妈教我的！

在剧中我饰演了教导主任的角色，体会不一样的人生。我感受到大家的热情、激情、友情，我们彼此成了好伙伴，是一家人！戏剧让我知道，要尽力为之，多去换位思考，你会收获更多的人生体验。我们无憾！

《静待花开》排演感悟
——我们体验一次"浸润式"的美育教育

李 雯*

我是一名小学数学老师,上大学居然学的是"数学及应用数学专业",但我始终有一颗热爱艺术的心。我特别喜欢看现场演出,像话剧、音乐剧、演唱会、相声……甚至是我听不太懂的京剧,只要是现场,我都会被点燃,那是无法言语的感染力。

这些剧种里,我最喜欢的是话剧。

记得有期访谈节目,主持人说,将来随着 AI 的发展,人工智能越来越强大,会有很多工作被 AI 取代,人的很多能力会慢慢退化。很多技能我们将来不需要学习……但是有一样能力,是永远不会被取代的,那就是审美。

中央戏剧学院这个高等学府,对于我来说并不陌生。我小学就读于黑芝麻小学,"中戏"是我每天上学的必经之路。每天早上我都能听见校园里有人在练习绕口令,"白石搭白塔"就是我跟他们学的。还有"嬉皮士"发型的人,每天早上都跑步。这些印象在我脑海里尘封了很多年,直到我踏进了"中戏"的校门,它们全被唤醒。我真实感受到,这个著名的艺术高校给所有人营造的氛围,让我们由衷的热爱它,为之努力。

工作这么多年能回到校园当学生的感觉真好,而且是想都没想过的艺术门类,这对于我来说是一次跨领域、跨时空的学习,我非常珍惜。尤其

---

* 李雯:北京市东城区东交民巷小学数学教师。

是有幸成为话剧《静待花开》台前幕后的工作人员，全程参与一部剧的创作过程，是我之前从来不敢想的。而且，我更加理解"有志者事竟成"，这以后，我们再带着无须解放天性的孩子们排戏，应该会轻松吧！

我还从这部剧的排演过程中，真切地感受到了戏剧教育的作用。老师们的关系更加亲密了，彼此更加了解，团队更加团结，这是缘于戏剧是集体、综合的艺术吧。演出结束了，我们还在微信群里你一言我一语，或者打趣或者煽情，表达自己的依依不舍之情。这不就是戏剧的魅力吗？"戏剧，凝聚人的力量！"

这一次，不仅让我全方位地体验了一次浸润式的美育教育，也经历了一次有实效的戏剧教育培训。我可能谈不出什么具体的收获，但是我愿意在自己的数学教学、班主任工作、戏剧社剧目排演中做一些小小的尝试。小学美育教育不就应该这样吗……润物细无声！

《静待花开》排演感悟
——我们领悟到戏剧教育的魅力

杨 柳*

所谓"高参小"项目是 2014 年"北京市启动高校、社会力量参与小学体育美育发展工作"的简称,为打破高校与小学"关门办学"的高墙,利用高校在体育、美育等方面的专业素质及社会的优势资源,参与小学办学和发展。

从 2014 年至今,我所在的东交民巷小学与中央戏剧学院紧密结合,积极探索、开展了一系列的戏剧教育活动和课程。2017 年,在学校领导的推荐和支持下,我与本校另外两位老师共同参与了北京市"高参小"戏剧教育师资培训项目。

初次学习戏剧教育,我就像一位小学生那样对戏剧充满了紧张与好奇,紧张是因为自身并非戏剧专业出身,对戏剧教育的了解也实在是知之甚少,这次的学习对我充满了挑战和未知;而好奇也恰恰对我而言,这门专业包含着很多新知识、新理论、新思想,让人会产生求知的遐想。在多种情感的驱使下,我和其他老师一起开始在中戏学习。对于我们这些"零基础"的"学员"们,中戏戏剧教育系的领导和老师们十分重视,很用心地准备了各项培训课程,包括戏剧艺术概论、表导演艺术特性、戏剧创作基础知识和编剧技巧等内容的基础理论;还进行了精选剧目观摩、优秀教学观摩和技能体验等实践学习。

---

* 杨柳:北京市东城区东交民巷小学美术教师。

2018年7—11月，我们参与了由中戏专业教师编剧、执导、设计、制作，项目校教师担任表演、创作、演出的大型原创话剧《静待花开》的排练和演出。该剧在创作过程中，在专业教师的指导下，几所小学的老师们分别承担了剧本编创、表演、分场导演、舞台监督、宣传设计、音乐音效操作、主题歌作词、演唱等艺术创作工作，在提高基础技能的同时，也亲身体验戏剧创作的各个环节，熟悉戏剧艺术创作的规律，认识表演、导演艺术的真谛，了解集体艺术创作的结晶和魅力。

我在其中主要担任了宣传与票务的工作，虽然不是主要演员，但是在与大家一起工作、排练的过程中，我亲身感受到在戏剧的推动下，大家齐心协力克服了种种困难，团结一心进行排练，最终顺利完成演出的全过程。这也让我感受到了艺术美育的魅力，我想，这大概是戏剧教育的意义所在吧。

从专业技术的角度来看，通过话剧《静待花开》的演出，我们这些"门外汉"老师们更加全面地了解戏剧，从理论知识到在舞台上演员是如何运用形体、语言进行表演的，舞台场景、灯光音效是如何设计的，每个部门之间是如何协调配合、最终完成整台演出的。这些都是通过实践经验得到的宝贵收获，从而也提升了我们的戏剧教育的理论与实践能力。

虽然当前戏剧教育与其他学科的融合还需要时间的磨合，教学方法还需要不断地探索尝试，调整创新，但是它的出现改变了"过去我们只能依靠音乐课、美术课进行艺术教育"的情况，丰富了艺术教育的方式，丰富了学生提高艺术修养的途径。如今，依托"高参小"的平台，戏剧教育逐渐融入学校课程中来，对学生们的身心发展、综合能力的培养，艺术素养的提高都起到了支持和促进作用。

《静待花开》排演感悟
——我们收获一份"新技能"

吉 喆[*]

我从未想过自己会有机会走进中央戏剧学院,成为那里的一名"学生"。更没有想过自己能够成为一名演员,站在舞台上演话剧。感觉自己特别幸运能参加"高参小"的培训,让我有机会走进了神秘的"中戏",近距离地接触到戏剧艺术;我收获了许多知识,收获了一群志同道合的朋友;结识了中戏那么多优秀的老师,从他们身上感受到戏剧人的韧性与智慧。

《静待花开》演出结束后,我们回到日常工作中。在经历了一上午与学生们的"奋战",我下课回到办公室,推门的一瞬间,竟然脱口而出剧里的一句台词:"这哪里是小学,分明就是幼儿园!"办公室的老师惊讶地看着我,我也愣了一下,一时分不清这是戏还是生活了……这就是戏剧的感染力。

《静待花开》的导演在最后一天演出前对我们说,希望我们回头想的时候不要留有遗憾。现在想起来还是有很多不完美,如果我能再……会不会更好?不过人生不就是需要经历一个个的不完美,在我们一次次的反思中,才能不断有收获与成长吗?

我想,伴随着这部话剧的落幕,我们不是与戏剧说再见,而是能够更好地去了解和认识戏剧了。《静待花开》对我而言是一次突破,更是一次老师们的跨界,让我们体验到不同的生活,收获一份"新技能"。作为一

---

[*] 吉喆:北京市东城区分司厅小学语文教师。

名语文老师和班主任，我想我会记住在舞台上的感觉，把这次学到的知识和对戏剧的热爱，带到日常教学和班级管理中去，让孩子们感受到戏剧的魅力，这应该就是戏剧教育的意义。

《静待花开》排演感悟
——我们在"戏"中把人情味儿传播出去

徐 戈*

原创话剧《静待花开》的成功演出，是我大学毕业六年后又一次站在舞台上创造角色。

大学毕业到小学工作，我最大的感受就是，时间不够用。自己有很多想法、想排个节目的时候，就会面临各种时间限制，或者凑不齐人。这次因为"高参小"项目师资培训计划，能给我们提供这样一个参与完整剧目创、排、演的机会，实在令我激动不已，我很珍惜这样一次机会。

排练时，我们放弃了两个暑期的大部分休息时间。老师们在暴雨中蹚过齐腰深的"河流"来到中戏，老师们不惧酷暑，不提报酬；孩子们、家长们不提条件，不计个人得失；整个剧组只为一个目标默默的奉献。就是有了大家的付出，有了中戏以及各小学领导的支持，我们出色地完成了五场演出。演出中有紧张，有期待，有彼此适应，也有我们还可以更好的遗憾，不过这些都没关系，这就是戏剧的魅力！

几天的演出时间，参加演出的孩子们成了老师的好帮手，交给他们的事儿，完成得都很好！演员们成了并肩战斗的战友，互相关心，彼此提醒！整个剧组成了一个大家庭，相互尊重，充满包容！

演出结束，我连续听到一位舞监同学，说了三遍："这个剧组是我见到的最有人情味的剧组。"这句话很简单，但是分量很重！当孩子们的家长

---

* 徐戈：北京市昌平区平西府中心小学体育教师、大队辅导员，艺术工作主管。

眼圈湿润，嘴里说着"真的太棒了""真应该让所有的家长都来看看"的时候，当我看到家长们给我发来孩子们把蛋糕带回家给爸爸妈妈吃的时候，我又一次热泪盈眶了。戏剧，让我们把人情味儿传播出去了！

唱着剧中主题歌"每一朵花都有它的花期，每个人都有成长的经历"，我期待，我们心中的鲜花再次集体绽放，希望我们身边那些祖国的花朵都能按着自己的花期，精彩绽放！

《静待花开》排演感悟
——我们在戏剧中成长

柴 鹤*

2018年11月18日,我们的原创剧目《静待花开》完美谢幕了!真是不舍得这个舞台!

在中央戏剧学院培训的日子里,总能让我回忆起大学的快乐时光,而且,更让我看到了一群热爱戏剧的老师和同学。

回想起来中戏的第一天,我是无比激动。读大学的时候,我的专业是形象设计,给大三的师哥师姐们化毕业大戏的妆容时,就觉得"舞台"好神奇。所以,当我激动地走进中戏校园,走进排练室,见到一群不认识的受训老师们,是又期待、又紧张!本来不敢表达自己的人,通过为期14天的培训,我竟然慢慢地敢于表达一些想法,敢于表现自己,不会再畏畏缩缩了。

随着时间的推移,我们又经过了为期一年的培训,从未间断。2018年年初,我们在主创老师的指导下,开始搜集、整理有关《静待花开》的真实的故事情节,开始创作剧本,老师们开始各项分组工作。暑期,开始了我们的集训。这其中的酸甜苦辣只有我们自己才能够体会到!

我没有选择进入演员阵容,而是成了幕后工作人员——舞台监督。这是一个很好的、很适合历练我自己的机会。刚开始的时候,什么都不懂,懵懵懂懂地接手了这项任务。这期间一直是我们的小班主任同学帮助我学

---

* 柴鹤:北京市昌平区平西府中心小学美术教师。

习、成长。慢慢地，越来越得心应手，学会了做舞台任务所需的各项表格，会安排各项工作的进度，采购准备道具，与主创人员沟通等一系列的事情，才知道幕后工作这么重要，也是不容易做好的。

忙碌着忙碌着，不知不觉就到了进剧场演出的日子。这让我很兴奋，因为能够接触到舞台了，能够发挥自己的能力了。

看着舞美设计的布景进到剧场，看着灯光视频装台，都让我整个人紧张起来，实在怕自己做得不够好，怕自己不能照顾到方方面面，幸好有一群来自中戏戏剧管理系的、非常靠谱儿的小伙伴们，他们让我充满能量，天天感受到温暖。

历经五天在剧场的时间，见证了《静待花开》的演出，所有的演职人员，我们一起吃盒饭，我们一起连排到天黑，我们一起开心，我们一起努力做到最好，我们一起流泪，这些都是我从来没有经历过的，给我留下了非常有意义的回忆，让我结识了一群志同道合的朋友们。因为导演的鞭策，我们的坚持，我们的努力，扮演不同角色的老师和同学们表现得都非常棒，很真实，给观众们留下了非常深刻的印象。

参加"高参小"这个项目影响着我，而话剧《静待花开》陪伴着我成长，最后一场谢幕时，有老师说："柴鹤老师长大了"，这让我泪流不止，这句话触动了我的内心，长大对于我来说真的很不容易！让我们所有人和《静待花开》一起成长吧！

《静待花开》排演感悟
——我们发掘了最好的自己

彭玉雪*

2017年暑假开始，戏剧逐渐走进了我的生活。那个时候正是学校在组织《超能VR爱心行动队》的排练，作为新进的实习老师，我被分配负责组织工作，内心很有压力。但同时我也在鼓励自己，可以做好工作。

新一学期开始，我成为二年级9班的班主任，同时又开始了两项培训：一是新教师培训；二是戏剧培训。我更加坚定自己的内心，去做自己想做的事情，并坚持下去。

戏剧培训分为理论和实践两个部分。通过戏剧的学习，我除了收获一些关于戏剧教育的专业知识，戏剧游戏训练，表演技巧之外，最大的收获，应该是成功地挑战自己。我从小是一个看起来活泼开朗，但是内心十分敏感的人，所以在做许多事情的时候，尽管显得很勇敢、很开朗，但内心却缺乏对自己的信任。

《静待花开》排练的这段时间，我知道，人要去做一件事，就要尽自己最大努力做到最好。我不太善于沟通，但是我能感受到，自己内心和一起培训的小伙伴们的内心，都很幸福。排练的过程也是一个历练、自我挑战的过程，从不敢演、不会演到逼着自己硬着头皮上，到顺其自然听从导演的教、导，到慢慢敢于放得开、敢于加入一些自己的创作。直到《静待花开》演出结束，我才发觉，原来我是那么热爱戏剧，热爱表演，热爱舞台，

---

* 彭玉雪：北京市昌平区天通苑小学语文教师。

热爱与孩子们一起为同一件事努力的过程。

  我知道生活会回归到一如往常，这只是一份经历，但这个过程对我来说是最宝贵的一程。旅途还在继续，我希望前行的路上我们依然相互陪伴。往后的日子，我不想再继续把自己装在一个壳里，保护得好好的，我会努力让自己去经历，去尝试不同的挑战，丰富自己、挑战自己！

《静待花开》排演感悟
——我们既是教师，亦是演员

靳嘉敏*

三年来，我几乎每周都有一次机会做一名学生，或者说有机会做一名演员。为什么这样讲，因为我有机会参加了北京市"高参小"项目培训，也就有了去中央戏剧学院学习的一个机会。这个培训圆了我的演员梦，让我有机会看一看真正的表演专业是什么样的。

最开始一段时间的集中培训，让我结识了一群"厉害"的老师和同学，我的同学都是各个学校的精英，我们在这里一起从零开始，做一名学生。从一开始的互不相识，所以做起活动腼腆放不开到慢慢地熟络，慢慢地放开自己投入到每一次活动中，我们每一个人都经历了一些新的变化。比如其中有一个小的练习是想象自己是一粒种子，随着音乐慢慢地长大。这个活动需要自己解放身心，全心投入，想象自己真的是那颗种子。刚开始特别不好意思，在老师的引导下慢慢地投入进去，想象我真的是一颗种子了，在音乐中，我慢慢长大，随风飞舞，开花，我的想象力在脑海中慢慢迸发出来，我真的做到了。这样的思想投入和抽离是很多年都没有做过的了。我们从小孩慢慢长大后，已经习惯了戴着面具生活，谁能真正剖开自己的内心看看，自己想要的是什么。在这样的课上，我们可以将面具暂时摘下来，放在旁边，真正和自己做一会儿朋友，听听自己的内心，抚平自己的心灵。因此，每一次上课反而像一次度假的旅程，是一次次愉快的经历。

---

* 靳嘉敏：北京市昌平区天通苑小学音乐教师。

在一段时间的学习之后，我们就快要汇报了，汇报的形式是以话剧的形式。在这次话剧中，我饰演了一名英语教师。因此，从作为"陈爽"开始，我就不是我自己了，但我还是我自己。听起来好像是有冲突的，其实这是我的真切感受。为什么呢？

我不是我自己了。因为，我现在要作为一名演员去演一个角色、演一名数学教师——"陈爽"。生活中，我自己是一名音乐教师，要去演一名英语教师，我就要投入到这个新的角色中，去思考我现在的职业状态，还有我之前是以什么契机去做一名英语教师，我以后的发展规划是什么样，我都需要去认真思考。

一开始，我们就对自己的角色做了一个自白，我的自白是这样写的：

我是陈爽，29岁了，马上要迈向30岁的大关，感觉有些许慌乱，毕竟，我还是个单身女青年。但是我知道，感情也不必强求，没办法将就。我是一所小学的英语老师，研究生毕业，很多人去了企业，但是我不喜欢那些尔虞我诈，我喜欢学生的单纯，学校生活的简单。而且，我能每天早点下班回家陪伴父母。在家住哪里都好，就烦一点，那就是我的爸妈成天念叨着给我相亲，今天是李大爷的儿子，明天又是王阿姨的外甥，什么海归啊，高管啊一箩筐，但是谈恋爱要看我的感觉的，得看适合不适合自己呀。我是一个跟人说话做事儿都直来直去的姑娘，我知道这样可能会得罪别人，但是，谁也不能逼我做什么事情。

我能保证我是真诚待人的！我还兼职教学高年级的生理卫生课，现在的孩子们都比较早熟，因此有个正确的导向就非常重要。这份工作是我主动承担的，我希望为孩子们多做一点事情，和他们在一起我觉得很开心。学校的老师们都还挺好相处的，除了肖主任，成天就知道摆个主任的架子。他也从来没有提及过自己的家人，真是个怪人。还有一类人很让我头疼，就是学生家长，我们当完老师还得当保姆。

看到这里，您是不是对陈爽大概了解了呢？这就是我要演的角色，我要从体态、年龄、思想、台词中全都变成角色的语言和形态。因此，我就不是我自己了。在舞台上，我的一切都要为这个角色去服务，我要让观众相信，我就是那个，言语直爽的，单身的英语教师"陈爽"。

我还是我自己。

因为我现在是一个演员，我知道我不是"陈爽"，而只是去诠释这个角色。我每一刻都应该去思考，"陈爽"这个角色需要怎样去讲话，有什么行为习惯，她要演出的这些片段前后都经历了什么，她的内心活动是怎样的……因此，每一刻我都在思考，怎样去更好地诠释这个角色。比如，我本身已经是个妈妈，我将怎样去将大龄单身女青年的感觉演出来；我是个音乐教师，我要通过哪些内容将英语老师和生理健康教师的角色演出来；还有，与同事之间的人际关系，与谁是什么样的距离要演得很到位；还有与领导者之间的关系发生过怎样的变化……这些都是剧情需要我认真去体会。在这个层面上，我还是我，我是个演员，我还保留着我的性格。

因此，演员的经历让我学习到很多，也特别开心能够参与到这个培训中，结识了一群朋友们，自己也有了专业领域之外的提升。最重要的一点是，我们应该将这些所学应用到我们在学校的工作中，我们怎样和学生去交流，怎样与同事们相处，怎样将学习的灵感运用到我的音乐课中，这都是我需要认真思考并且加以实践的。

总之，在这个提倡核心素养大环境的时代，教师更应该在各方面提升自己，还要学习更多的内容，将所学融合为学科中的教学方法和理念。一切为了学生！为了学生的一切！！

四
戏剧创作拾贝

《玉之旅》（短剧）

编剧 任雁 徐戈*

时　　间：当代

地　　点：平西府小学校内

人　　物：

白　玉：男，有主见，胆大

绿　玉：女，胆小，害羞

田昊昊：男，学生，大哥大，有主见

白明轩：男，学生，好奇心强，调皮

翟海博：男，腼腆，求知欲强

其余学生若干。

【背景声，嘈杂的校园，一阵清脆的上课铃声，孩子们朗诵玉文化《三字经》。

孩子们：中华玉，八千年，古至今，史相传。

　　　　玉之初，系熔岩，从深层，到地面。

　　　　经冷却，形态变，玉成分，硅酸盐。

　　　　石中神，千古灵，物华映，光彩现。

【伴随着朗诵声，八个孩子抬着两块玉（人）上台。

【孩子们放下玉，累得直喘气。

---

* 任雁：北京市昌平区平西府中心小学二年级学生家长；徐戈：北京市昌平区平西府中心小学体育教师、大队辅导员，艺术工作主管。

翟海博：田昊昊，这玉怎么这么沉啊？

田昊昊：这石头有灵性，能不沉吗？

白明轩：别白话了，上课去啦！

翟海博：白明轩，你心可真够大的，这玉万一丢了怎么办？

白明轩：丢不了！除非它自己长腿跑了！快回教室，老师要点名了。

【几个人呼呼啦啦地走了。

【穿着白衣服的白玉打了个哈欠，伸了伸懒腰，爬起来，打量着四周。

白　玉："平西府小学？"我怎么到这儿来了？

【白玉发现另一块还在睡觉的绿玉。

白玉推了推那块绿玉：美女，醒醒！

【绿玉揉了揉眼睛，爬起来看看四周，又看看白玉。

绿　玉：你是谁？

白　玉：我是白玉，咱俩一个物种，都是玉！看看咱们到哪儿了！

绿玉打量着四周：这不是平西府小学吗？怎么到这儿了？

白　玉：别管怎么到这儿，想想怎么跑出去吧！

绿　玉：为什么跑？

白　玉：不跑等死啊？咱们玉石什么身价，石头中的老大，从地底下到地面，几万年演变，才变成现在这样……（比划绿玉）才有这样的颜值，这儿的人认识玉吗？别让人铺地板了！

绿玉窃喜：分析得对！我这样的颜值和身价，才气与美貌，找不出第二个了！

白玉纠正：咱们讨论要不要跑呢？

绿　玉：跑啊！不跑等着铺地板吗？可怎么跑呢？

白　玉：趁他们没下课，溜着墙根跑。

【俩人正准备跑，一阵铃声，传来孩子们打闹的嘈杂声。

白玉紧张：不好，熊孩子下课了！快躺下。

【两块玉赶紧躺下装睡。

【田昊昊、白明轩、翟海博嘻嘻哈哈地进来。

田昊昊：柴老师总说我这玉雕画得不合格啊？都画好几稿了，我都快崩溃了。

白明轩：你那画太复杂，柴老师怕你雕刻不了，她那是心疼你！

翟海博：瞎掰，柴老师是心疼这些玉石！你们看这些玉石多漂亮啊，多摸摸肯定能沾些灵气，吸收精华！

【几个孩子稀罕地一边看一边摸。

白玉实在忍不住跳起来，咯吱得哈哈大笑：别摸了，全摸我痒痒肉上了，太难受了。

绿玉也爬起来，一脸生气：你们的脏手都把我衣服弄脏了，太过分了。

【三个人吓得往后退。

田昊昊：你们怎么活过来了？

白明轩惊恐：玉石成精了？

翟海博：要不要报告柴老师啊？

田昊昊：报告什么？说玉石自己满地溜达？柴老师会信吗？

白明轩：那怎么办？

田昊昊：先交涉交涉，咱们自己摆平。（清了清嗓子，大声）哥们儿，你们怎么活过来了？

白　玉：你们是小学生吧？

【三个人点头。

白　玉：请三位小学生高抬贵手，放我们走吧！

白明轩：那可不行！你们出去磕一下绊一下就粉身碎骨了。

白　玉：我们不怕！世界那么大，我想去看看。

绿　玉：对，来一次说走就走的旅行。

田昊昊：（小声叮嘱那俩）不能让它们走，咱们学校费多大劲才把它们运来的，它们走了咱们拿什么雕刻啊！拖住它俩。

白明轩：怎么拖？

田昊昊：听我的，见机行事！

【那俩人你点头。

田昊昊：你们为什么不想在我们学校待？

白　玉：直说吧！我们想找个更能发挥玉石价值的地方！

白明轩：我们学校怎么不能发挥玉石价值了？

绿　玉：我们怕浪费了！我们从地底下几十公里的高温岩浆喷涌出来，冷却后经过几万年甚至几亿年的变化，才形成玉石，每一块都是精华。你们小学生懂什么玉啊，你们会雕刻吗？你们认识玉吗？

田昊昊明白了：把"吗"字去掉！我们认识玉！

白明轩：我们现在就给你们讲讲玉文化知识。

三人齐声：极品玉，昆仑巅，雪山下，和田滩
　　　　　南阳玉，矿物兼，比于翠，美名传。
　　　　　辽岫岩，兴史前，易雕刻，美名传。
　　　　　绿松石，硅酸盐，晶莹亮，色蔚蓝。

【绿玉和白玉不由地鼓掌。

绿　玉：你们知道这么多玉文化知识啊？是我们小瞧你们了。

白　玉：等等，别光耍嘴皮子，玉不雕不成器，你们懂雕刻吗？

翟海博：玉雕是我们平西府小学的课程啊，别看我们小，个个都是能工巧匠。

白明轩拿出一个米老鼠模样的雕刻玉：你看，这是我雕刻的米老鼠。

田昊昊：这片树叶是我雕刻的。

白玉对翟海博：你呢？肯定啥也不会！

翟海博：我雕刻的大山正在我们校展览室躺着呢。

田昊昊：这下相信我们了吧？还跑不跑了？

白　玉：不跑了！

绿　玉：是你鼓捣我跑的！我可不想跑！

白　玉：哎……怎么反咬一口啊！你不同意我能跑吗？

【绿玉和白玉刚要争执，田昊昊拦住它们。

田昊昊：别争了！我们一定会用心设计雕刻，把你们变成上等的艺术品。

翟海博：我要把你们也放在校展览室呢。

绿玉突然感动得哭了：没想到我们两块边角料还能成艺术品。

白　玉：不走了，我们要在这里改头换面，重新做……玉！

另一个学生上来：你们三个还愣着干什么？柴老师让你们把玉抬回教室，咱们马上要上玉雕课了。

【几个孩子把两块玉抬下了台。

【伴随着音乐声，两块玉西装革履，戴着小礼帽，上来了。

白　玉：绿玉，咱俩也成艺术品了。

绿　玉：这一身光鲜亮丽，我终于成了真正的美女……美玉了。你还想不想出去旅行了？

白　玉：不想了！在平西府小学把璞玉变美玉，我哪儿也不去了。

绿　玉：我也不走了！在这儿才能焕发光彩啊！

【田昊昊、白明轩，翟海博挽着袖子出来，显然是刚刚劳动完。

【他们看着那两块玉。

田昊昊：恭喜你们，终于变成美玉了。

白明轩：为了雕刻你们，我的手都累僵了。

翟海博：这下，咱们可以成为朋友了吧？

白玉和绿玉高兴地抓着孩子们的小手：必须是朋友。

田昊昊：同学们，都出来啊，咱们和美玉已经是朋友啦！

【欢快的音乐响起，五个学生呼呼啦啦一起出来，他们挽着袖子，也是一副刚刚劳动完的样子。

【八个孩子和白玉、绿玉拉着手，一起唱着玉文化《三字经》。

平西府，独慧眼，玉文化，来领衔。

三核心，四领域，开课程，深教研。

玉统领，全方位，师与生，齐发展。

玉之魂，蕴国脉，兴中华，筑梦圆。

徐戈在讲玉文化

《彩色的翅膀》（课本剧）

编剧　张玉　韩旭*

第一场

　　【当代。某沿海部队。

　　【战士们开垦出来的瓜田。

　　【人物：小战士若干。

　　【剪影：若干战士们在岩石下垒出"海岛田"。

战士1：快看看！这小瓜苗也出土了，瓜秧拖蔓了，还开出一朵朵小黄花呢！

战士2：弟兄们，来年我们就有瓜吃喽！

　　【音乐渐起。

　　【剪影：时间过去了，小黄花慢慢凋谢后。

战士3：这瓜苗也出土了，花也开了，瓜呢？

　　【战士围过来。众人议论。

战士2：难不成是西瓜嫌我们的岛艰苦，不愿在这里安家了？

战士1：是水浇得不够？是肥施得不足？还是土壤根本不行？

雷达兵翻着书走过来：西瓜开了花要授粉。小岛远离大陆，没有蜜蜂，也没有别的昆虫。西瓜花没授粉，当然结不了瓜。

战士们：原来如此！

战士3：走！给西瓜授粉去！

---

* 张玉：北京市东城区回民实验小学语文教师、大队辅导员；韩旭：北京市东城区回民实验小学数学教师。

　　　　【剪影：战士们授粉，长出小西瓜。

　　　　【欢快音乐。突然，狂风大作。

　　　　【剪影：小瓜全部被巨浪卷走了，只有一个在大石头后边的一根瓜秧上，战士们授粉、施肥。终于留下来这个瓜，长至成熟。

第二场

　　　　【地点：船上。

　　　　【人物：船员1、2，船公，小高，站长，若干船员。

　　　　【灯光昏暗，配合音乐由快到慢。

　　　　【音乐激烈，伴随海边沙沙声。

　　　　【道具：船头，纸箱，背包。

　　　　【背景音乐：欢笑声。

　　　　【小高开心地在船上与船员说笑。

船员1：你刚从黑龙江回来，能适应这海上生活吗？

小　高：呵，哪儿都一样！

船员1：就你？

小高拍了拍胸脯，指了指脑袋：嗯哪，就凭这里！

船员2：这矮墩墩的身材，怕不是"浓缩成了精华"？

小高憨厚地笑了笑：你们就别开我玩笑了，看！前面就是宝石岛了。

　　　　【灯光昏暗。

　　　　【音乐低沉。

　　　　【小高两眼发愣，凝视前方，扔掉大提包，紧紧抱着纸箱子。

船员1：嘿，我说小高。这眼看着就要上岛了，你怎么把提包扔了？

船员2：是啊，反倒抱着这个纸箱子做什么？

　　　　【小高不说话。

船公打趣地说：我猜这只纸箱里，一定装着好吃的东西，是从家乡带
　　　　　　　　来的吧？

　　　　【船员1、2互相看了对方一眼，又看看纸箱子。

小高淡淡一笑：不，不能吃。

船公一副认真的样子：我才不信呢！

船员1：平时小高你可不是这样子，怎么抠抠索索的！

【小高抱着纸箱子向后退了两步。

船　　公：快打开吧，让我也尝尝。

小高紧皱眉头：真不能吃，里面装的是一些小昆虫，蝴蝶呀什么的，一打开的就飞跑了。

【其他船员凑过来议论着。

船公：没听说过战士探亲回来带这种东西的。

【小高咬紧嘴唇，背朝大家。

船员2：你说说，这小高从家乡回来以后也不知道怎么了。

船公欲言又止：罢了，都散了散了。

【白色灯光，环四周后整场变暖色调。

【船鸣笛声。船靠岸。远远传来晚会场景的音乐。

【小高同船员们一起下船。

通讯站站长：同志们你们好！一路上辛苦了！

船　　公：还麻烦站长在这里迎接！

站　　长：甭客气！走，参加我们的晚会去，今天是"尝瓜会"！

第三场

【地点：站内。

【人物：站长，小高，战士们。

站　　长：同志们，这是我们岛上结的第一个西瓜。今晚，我们开个尝瓜会表示庆祝，大家来分享自己的劳动果实。

【战士们欢呼。

【站长把大西瓜切成薄薄的小片，盛在白瓷盘里，送到每一个战士眼前。

【战士们用两个指头捏起一小片来，细细地端详着，轻轻地闻着，慢慢地咬着。

战士1：站长，咱这岛上的瓜可真甜啊！

站　长：那是，这都是大家心血之作啊！

战士2：就这一个，不容易啊！差一点儿连它也没有了！

船公推推坐在身旁的小高，笑着说：你那个纸箱的秘密，现在该公开了。

小　高：你早就明白了嘛。

船　公：这么说，你真想让那些蝴蝶呀什么的在这里安家？

小高点点头：我在晚饭前，已经把纸箱里的小昆虫全放了。

船公一脸疑惑。

小高笑嘻嘻地：我就不相信，这些小精灵会不爱我们祖国的海岛，会不愿在这里安居乐业。

【灯光渐亮，舞台慢慢变换成彩色。尝瓜会布景变为蝴蝶、蜻蜓等昆虫的世界。最后大家睡去。

【天慢慢放亮。一夜过去了。

【一扇窗玻璃上停着一只蝴蝶，正对着朝阳，扇动着它那对彩色的翅膀。

张玉在给学生讲解戏剧故事

《雪地里的小画家》(童话剧)

编剧 张玉 韩旭 王忱忱*

【时间：当代。

【地点：郊外的雪地里。

【人物：小博士，小鸡，小狗，小鸭，小马。

【小博士带着小动物们来到郊外的雪地里。

小博士：下雪了，雪花飘飘心情好，小画家们齐报道。快向我们问声好：

小　鸡：叽叽叽，来猜画，你们猜我画点儿啥？

小博士：竹叶竹叶是你的。

小　鸡：哈！竹叶竹叶是我的，快看我的小脚丫！你们猜对我的画，我有礼物送大家。

【小鸡写"竹"字。

小　狗：汪汪汪，现在轮到我出马。我画的花最坚强，待到寒冬才开放，你们猜猜什么花？

观　众：梅花。

小　狗：梅花总在寒冬开，为有一阵暗香来。梅花梅花是我画，我是画梅花的小画家。

小　鸭：(出枫叶与鸭蹼)嘎嘎嘎，(摘一朵)看我手里的枫叶，没错！我最会画的就是它！

小　马：小伙伴们真是妙，各显神笔齐叫好，月儿弯弯真美丽，我画

---

* 张玉：北京市东城区回民实验小学语文教师、大队辅导员；韩旭：北京市东城区回民实验小学数学教师；王忱忱：北京市东城区回民实验小学语文教师。

月牙比一比！初次见面真欢喜，我把名字送给你！（"马"生字卡片）

小博士：这是一个象形字，快来猜猜它名字！四位朋友爱绘画，我们欢迎雪地里的小画家！

【"小画家们"走过雪地，爪子或蹄踩在雪地上，就留下了自己的爪印或蹄印，像画儿一样。】

小博士对观众：听了刚才的介绍，我们就和小画家们一起来找一找它们的作品，看看谁找得又快又准！

学　生：（小鸡）画（竹叶）。

学　生：（小狗）画（梅花）。

学　生：（小鸭）画（枫叶）。

学　生：（小马）画（月牙）。

小博士：你们真是太聪明了！这儿有这么多画呢，你觉得谁画得最美丽呀？

小　鸡：我的竹叶最美啦！

小　马：我的月牙多好呀，月儿弯弯真美丽！

小博士：好了好了别着急，我们问问观众们吧？那它们是用什么画出这么漂亮的图画呢？

观　众：脚印！

小博士：既然都画得这么好，我们夸一夸它们吧！

观　众：不用颜料不用笔，几步就成一幅画。

小　鸭：啊，我们的画在这儿呢，青蛙青蛙去哪儿了？

小　狗：汪汪！这里找找……

小　马：那里找找……

小　鸡：报告！哪儿都没找到！

小鸭、小狗、小马：青蛙为什么没参加？

小　鸭：快去问问博士吧！

【小博士给观众讲冬眠的知识。】

小博士：冬天到、冬天到，

　　　　河里青蛙找不到。

　　　　冬眠时间到来了，

　　　　洞里呼呼睡大觉。

　　　　你们知道了吗？

小鸡、小狗、小鸭、小马：它在洞里睡着啦。

小博士对观众：那我们可以把它叫醒吗？

观　　众：不能不能，青蛙已经睡着啦，我们不要打搅它！

小博士：你们真是善良又有爱心的孩子啊！下雪啦，下雪啦！雪地里

　　　　来了一群小画家！

小　鸡：小鸡画竹叶，

小　狗：小狗画梅花，

小　鸭：小鸭画枫叶，

小　马：小马画月牙。

　　　　不用颜料不用笔，

　　　　几步就成一幅画。

小博士对观众：青蛙为什么没参加？

观　　众：它在洞里睡着啦。

张玉、王忱忱等在戏剧课堂上

春风细雨　此时花开

《我们的舞台》创作构思

创作团队　陈代亮　王月娥　于昕　刘畅[*]

剧本立意：以天通苑师资培训老师和学生为基础，通过教师和学生接触戏剧、了解戏剧、参演戏剧的故事，表现戏剧的独特魅力，对师生人生观价值观的影响与转变，揭示戏剧对人的观照。

故事梗概：天通苑学校的老师们接到了要去中央戏剧学院进行戏剧培训的任务，个个都充满了畏难情绪。可是在培训的过程中，他们认识了戏剧，了解了戏剧，并且爱上了戏剧。最终，他们克服了重重困难，汇报圆满成功。

剧本结构：

第一幕：教师了解戏剧，参加培训。

第二幕：教师尝试走进戏剧课堂，进行戏剧教育。

第三幕：以戏中戏的形式展示教师戏剧学习的成果汇报。

第四幕：孩子的纸箱手偶剧表演。

分幕大纲：

第一幕

天通苑学校的教师们抱着猎奇、学习、玩票的心态来到中戏，进入中戏的教室。在经过形体训练、发声训练、模仿表达、即兴小品等学习与训

---

[*] 陈代亮：北京市昌平区天通苑学校小学部美术、书法教师；王月娥：北京市昌平区天通苑学校初中部道德与法治教师、团总支书记、小学部德育副主任；于昕：北京市昌平区天通苑学校小学部英语教师；刘畅：北京市昌平区天通苑学校小学部语文教师。

练后,大家才进一步了解了什么是戏剧,才知道了戏剧的专业与艰辛,特别是大家一起摸爬滚打之后大家重新认识了戏剧,并喜欢上了戏剧,决心把原本以为是个工作任务转变为自身的又一次人生的研修学习。

第二幕

教师们回到自己的学校,开始尝试进入戏剧课堂,老师拿出好多纸箱,和孩子们一起上了一节有意思的戏剧课。在跟孩子们接触交流后,教师们得到了提升,孩子们也发生了不同的转变,师生们都得到了不一样的教育。

第三幕

教师接到任务要演出一场戏,大家商定后决定以戏中戏的形式展示出来。在这过程中大家又重温一遍经典剧目,比如《油漆未干》《雷雨》等,大家得到了新的体验和收获。校长观看了大家热火朝天的排练,深受感动,教师们充满干劲。

陈代亮、于昕、林熠等在戏剧课堂和自己制作的玩偶

第四幕

在最后的汇报演出中,孩子们也加入汇报中来,他们演绎了纸箱手偶剧,充满了童趣,演出最终取得了圆满成功。

《最美丽的花》创作构思

创作团队　胡薇　吉喆　肖飞*

剧本立意：戏剧作为艺术教育，列入了全日制义务教育国家艺术教育的课程，深受广大师生欢迎。戏剧的创作、排练及演出，能以其独特的教育手段发掘学生的潜质，促进学生个性的良好发展。它给素质教育注入新的活力，为青少年成长铺就更广阔的光明大道。剧团的系列活动，将带来朝气蓬勃、多姿多彩的校园生活。追求个性发展。

故事梗概：从前，有个国王要挑选一个诚实的孩子做继承人，他给全国的孩子发了花种，并宣布：谁能种出最美丽的花，谁就是继承人。期限到了之后，其他孩子的花盆里都长出了美丽的鲜花，只有一个叫雄日的孩子捧着一个空花盆，国王问他原因，他将种子不发芽的经历告诉了国王，国王最后选中他为继承人，因为国王发的花种都是煮熟的。

吉喆在戏剧课程中

---

* 胡薇：北京市东城区分司厅小学美术教师；吉喆：北京市东城区分司厅小学语文教师；肖飞：北京市东城区分司厅小学大队辅导员。

话剧《莲花》观后引深思

肖 飞*

任鸣导演的话剧《莲花》，讲述了原本恩爱的一对贫贱夫妻天和与莲花，在对财富的向往和追逐中……一个从对有钱人生活惶恐的向往到志得意满，而良知沦丧；一个从只希望过好日子白头偕老，到失去所爱而深陷绝望。就因为一件昂贵的古玩，是他们脱离贫困的希望，也是毁灭他们温情生活的罪魁……黎明的夜，两声凌厉的枪响，结束了两条年轻的生命，终结了一段人情冷暖、恩怨情仇。我们也惊醒！是人异化了欲望，还是欲望击垮了人？……

话剧《莲花》是著名作家邹静之潜心创作的一出构思精巧的话剧，通过倒叙的方式正讲故事。结尾处播放出《小白菜》的歌曲，衬托出更加悲苦、凄凉的情境。我更加懂得了，在编剧笔下，在导演执导下，两个主人公的鲜明性格和清晰的宿命。

一、天和

天和原本是一个淳朴善良的男人，他很爱莲花，他能够把唯一的烤红薯给莲花吃，他也不埋怨莲花的投资失败。他一心只想怎么赚更多的钱，让莲花生活得好一点。当莲花追问天和，如果有钱了想干吗，天和绞尽脑汁也没有更奢侈的想法，能想到的最好状况也就是吃好吃的，不再挨冻挨

---

* 肖飞：北京市东城区分司厅小学大队辅导员。

饿。所以，最初的天和是纯真的。

天和是一点一点转变的，就从莲花给天和穿上那件"体面"的衣服，去卖古董盆的时候……

莲花因投资失败，被债主追债，所以拿出以前当佣人时得来的水仙盆，把天和打扮了，让天和去"鬼市"卖掉。到了"鬼市"，行家出到了1000块，没见过钱的天和一下子就答应了，但机灵的莲花觉得这个瓷器可以卖到更高的价钱，于是就找到了洪舅爷。擅长炒作的洪舅爷开始包装天和，欲望也就慢慢侵入天和的身体。被包装后的天和开始日日与戏子去听戏。为了能过上好日子，看着天和天天如此，莲花也很无奈，只能躲在外面等天和出来。表面上没有很大变化的天和，依旧对莲花疼爱有加，但我认为，此时天和的内心，一个黑暗的角落里，一颗欲望的种子已经在慢慢发芽、生长。

果真，在洪舅爷和戏子的游说、挑唆下，那颗欲望的种子，在天和的身体里不断生长。天和逐渐意识到自己是个有钱人了……天和的心态完全变了。他不再盘腿坐在炕上；他认为自己理所当然得住在总统套房；他开始挺直腰板，天天与戏子同床共枕，他开始认为莲花配不上他……所以，当莲花提出回家拿衣服一起和他住的时候，答应等着莲花的天和，却悄悄地退房了……

讽刺的是，让天和变成这样的那个人，不是洪舅爷，不是戏子，恰恰是莲花。

二、莲花

莲花是精明的，看上去贪财，也是因为她对天和的爱，她对美好生活的期望。不仅天和陷入欲望之潭而不能自拔，精明的莲花也在无限多的金钱面前冲昏了头脑。因为"贪婪"，她逼着天和一步步走上这条不归路，即使中途有那么多次可以回头的机会……如果莲花同意把那件瓷器随便换个一千块或者是一座院子，那么她就可以跟天和过上简单而幸福的日子，但她偏偏不知足,她期望更大的保障。所以,最终,莲花只能和天和同赴黄泉。

本来,莲花与天和的关系是平等的。莲花很爱天和。对于莲花来说,天和是她一个人的,她不能接受天和变心,也不能接受和别的女人共侍一夫……对天和近乎"神经质"的爱,最终导致莲花要下手杀死孩子的父亲。

我认为当时绝望的莲花宁愿与天和共赴黄泉,也不愿接受一个已经变了心的天和,也不愿意接受自己梦想的破灭。

人的改变,也许就是一瞬间的事情。欲望是一个无底洞,如果没有坚定的信念,没有对抗外界侵蚀的意志,欲望终究会毁灭一个人,毁掉一个幸福的家。

肖飞在阅读剧本

做戏，做细

胡　薇[*]

编者按： 分司厅小学的胡薇老师参与"高参小"项目师资培训，从担当《静待花开》中的演员，成长为戏剧教育老师，独立带班，协助本校戏剧发展，担任新剧目执行导演工作，我们目睹了一位热爱戏剧的老师的执着和信念。

一、《静待花开》排演感悟

戏

从拿到《静待花开》剧本的那一刻，可能是性格使然，我就成了剧中的"涛涛妈"，但我在生活中并不是一个妈妈，对于这样的角色，我并没有把握演好，但怀着对于戏剧的一分好奇，我还是很期待演绎的。

分析人物是演绎人物的开始，从写人物小传，我便开始试着走进这样一位妈妈的内心世界。体会人物是塑造人物的基础。依稀记得第一次演"涛涛妈"的生疏、冰冷、僵硬，那是我真的离她的生活太远了。在导演一次又一次的讲解和分析后，我开始一遍一遍地体会剧本里的每一句台词，每次排练都有新的收获和体会。直到演完最后一场的那一刻，我才真的感觉到"涛涛妈"已经成为我生活中一部分的代名词。可能这就是戏剧的魅力，让我深深爱上它，无法自拔。

说实话，从参与"高参小"培训到今天，我感觉到自己经历了一次又

---

[*] 胡薇：北京市东城区分司厅小学美术教师。

一次的蜕变，无论是理论知识的积累，还是表演技能的提升，对于一个从来没有接触过戏剧的我来讲，都留下了一笔宝贵的财富。

第一次深入了解什么是戏剧，第一次参与一部话剧的完整创作，第一次进入排练厅，第一次演绎一位舐犊情深的妈妈，第一次面对观众走上舞台，第一次体会到团队的力量，第一次感受到集体配合的重要性，第一次为戏剧泪流不止……真的是有太多太多的第一次。

演出结束了，但是我对于戏剧的热情反而更高，每一位"静待花开"的人，都和我一样的心情。我会带着这份爱与激情，走进我的课堂，走近我的孩子们，让他们也感受到不一样的生活，因为戏剧，是会影响人一生的艺术。

二、《箱子里的图书馆》执导体会

细

戏，什么是戏？戏是如何诞生的？怎样成就一部戏？怎样成就一部感人至深的好戏？……我的脑海中有很多这样的疑问，但随着我一点一点地学习和实践，这些问题一个一个的有了答案。

剧本，剧本，一剧之本。那我就从一度创作说起。

2019年11月27日，伴随着我校原创话剧《箱子里的图书馆》与大家正式见面，我再次回想到戏剧团队在暑假里，去延安革命圣地，拜访革命同志，走访意义非凡的地方，积累一点一点地素材。要想有感动人的戏剧，就要有感动人的故事，艺术的沃土是生活，没有生活的艺术是空洞的。舞台上那一幕幕生动感人的画面，就是这样诞生的。

艺术源于生活又要高于生活，收集到的素材并不能直接搬上舞台，因此，我们要做的是在众多的素材中提炼精华，为舞台表演所用而把细小的点串联起来。几天的"闭门"修炼，一度创作基本完成，我们力求做到剧本情节的真实合理、精益求精。

接下，我们进入二度创作。全部人马也都来了，戏剧本来就是要通力合作方能搬上舞台的艺术。

戏剧要有人来演，什么样的人演呢？符合人物性格特点的人来演才能更好地诠释人物。在40余名3~6年级的小孩子中选"演员"？说实话，真的不是一件容易的事情。我们让学生读剧本，有感情地读台词，一遍一遍地斟酌，最终确定了剧中几个主要角色的小演员，但这才是万里长征的开始。

由于这次排演的戏剧是抗战题材的故事，离学生的生活比较远，因此导演在给孩子们排剧的过程中，就要花很多的心思引导学生体会人物，排戏之余还给孩子们讲延安的故事，利用午休时间播放抗战题材的影片……这一切都是在为这部话剧做铺垫。因为只有人物把握准确，整部戏的感觉才对，才能把人们带进那个战火纷飞的年代。这部剧对于每一个参演的学生都是挑战，不下功夫是不行的。数不清多少个排练的日子，每一个放学的课后、每一个周末、排练厅里都会出现这些熟悉的小身影。我看到孩子们对戏剧的热爱，我看到了我的同事对于戏剧的痴迷以及对于学生的细致的关爱……这所有的一切都深深地触动着我。

这一次全程参与《箱子里的图书馆》的创排，也让我深刻地体会到，好的戏剧作品真的是细心打磨出来的：导演的细致，严苛的抠戏。刚开始，我是完全不理解的，我甚至认为他是不是对孩子们太苛刻，毕竟他们最大的也只有11岁，但直到孩子们顺利地完成了演出，并在最后一场结束时刹那流下的眼泪中，我真正明白了，这就是戏剧，无可替代的戏剧。它不是仅仅舞台上那一段时间的表演，而是留在孩子们记忆当中的这个过程。这些泪水中应该包含孩子们很多的故事、一辈子都忘不了的故事！

戏剧离开舞台就是空中楼阁，真正最后的"审查者"一定是剧场里的观众。观众未必是戏剧爱好者，更不会被要求是科班出身，但是观众是有情感的人，我们可以以情感人。

为了给观众呈现一台完美的演出，舞美、音效、灯光、服装、造型缺一不可。一米五高的错落高台，营造了陕北的黄土高坡；一张张美轮美奂的剪纸，把人们带入了陕北民间春节的场景；窑洞、枯树、弯月、飘雪……

还有那变换的灯光与恰如其分的音效的完美组合;就连小演员穿的带有各种补丁的衣服,都是经过几次开会才确定下来的方案。且不说"台上一分钟,台下十年功",仅仅是这一个多小时的呈现,却凝聚了太多人的心血!当然,这些付出都是值得的,因为观众感受到了我们的付出,感受到了戏剧的力量。

演出虽然结束了,但戏剧的种子一旦发芽就不会停止生长。戏剧带给孩子们太多的东西。正如家长们所说,剧场即教室,舞台即人生。戏剧带给孩子们的是一种愉悦的艺术体验。扮演角色时,孩子们既能学习表演的技能,又能借此感受不同的人生际遇,在特定的情景下,设身处地地"沉浸"其中,这往往比家长、老师的耳提面命更能引起孩子们的共鸣。戏剧给予的启发,远不止"演"这么简单。戏剧将伴随孩子一生的成长。

关于戏剧的故事,孩子们心里有,我心里也有,那些日日夜夜朝夕相伴的团队,以及一群可爱的孩子们,都成为人生不能磨灭的记忆。戏剧为

胡薇在给学生们讲戏

我打开了另一扇窗,一扇能看到更美丽"风景"的窗。

戏剧,是有魔力的,它让我变得自信,原来讲台上的我也可以在舞台上绽放;它让我变得勇敢,无论有什么困难,只要团队齐心,没有什么可以难倒我们;它教会我包容,包容身边的人和事;它教会我执着,在导演身边一遍一遍记录排练中出现的各种问题,几乎要崩溃的我一度怀疑有必要这么较真吗?但事实告诉我,艺术就是这样,有"细"才能有"戏"。有"细"的故事才动人,有"戏"的人生才精彩。"戏"为我开启新的篇章,"细"也将成为我对艺术的不变追求。

遇见戏剧，遇见更好的自己

彭 楠*

我是一个再普通不过的女子，出生在一个普通的家庭，相貌平平，学习成绩平平，从小按部就班式地成长，是一个放到人堆里立马被埋没的人。

2015年，顺利毕业，正式步入工作岗位，走上三尺讲台，如愿成为一名教师，本以为我的生活还会继续平淡下去，直至遇到她。

相遇

"高参小"的到来犹如一股春风吹化了我心头的薄冰，戏剧实践基地的挂牌，为我们的课堂增添了新的元素，也为我打开了一扇心灵之窗。

第一次接触戏剧，是协助学校老师组织戏剧专场活动，简陋的舞台上孩子们稚嫩的声音，明亮的眸子深深地打动了我，我才知道，原来戏剧的魅力如此之大。

喜欢是无法掩藏的，我成了学校的一名戏剧教师。我可以跟中央戏剧学院的小老师们一起给孩子授课，排练节目。活跃的戏剧课堂又一次颠覆了我对教学的认知，原来有一种上课形式，可以是以游戏为主；原来孩子们的课堂，不一定有桌椅板凳，不一定布满"条条框框"。

更令我感动的是，一个腼腆内敛到从不敢当众讲话的女孩子经过戏剧课程，可以登上舞台进行展示。戏剧又一次给了我感动。

一年的时间，中央戏剧学院还为我们提供了很多观摩的机会，我不仅

---

* 彭楠：北京市昌平区天通苑小学语文教师、艺术主管。

能够看到学生们的演出，还第一次走进剧场，观看中国儿艺、北京人艺专业演员的表演，我深深地感到了舞台的魅力，他们的表演仿佛可以实现空间转换，使我置身其中，这种感觉，是影视所无法给予的。

相知

走进中戏，开启我的又一轮求学生涯，让我对大学又有了新的憧憬和渴望。

但谁知，山水画一样的校园环境却隐藏着魔鬼式的教学课堂。

每周五的理论让我这个戏剧"小白"努力了解戏剧的发展，戏剧理念以及未来的趋势，了解到戏剧教育并不仅仅局限在"表演"，戏剧教育工作者是任重道远，也让我对戏剧教育充满了憧憬和渴望。

理论仅仅是开始，暑期的培训更是这一生最难忘的记忆。

忘不了暑期课堂早起的晨练，忘不了吃饭时间都在和伙伴们探讨课堂感受，忘不了课堂上的大汗淋漓，忘不了第一次大声笑，第一次放声哭，第一次忘记自我……走进中戏，才是真正走近戏剧的开始，不经历，永远无法了解到舞台背后的辛苦。这里的学生会在你沉睡的时候起床，树林里、甬路上、水塘边，到处都有学生们的身影，这些身姿挺拔，容貌出众的孩子们正在进行着魔鬼一样的训练，他们不仅有姣好的容貌，更有坚忍的内心，和他们在一起，才深深了解到戏剧人的不易，才能深刻体会到"台上一分钟，台下十年功"的真谛。

相爱

如果说，是什么时候开始爱上戏剧的，那就是排演话剧《静待花开》。

在编剧老师的课堂上，我们开始讲述自己的故事，我们敞开心扉，一起笑，一起哭，甚至一起吐槽，我们一起挖掘着身边的点点滴滴，齐心协力进行着剧本创编。

在导演老师的指导下，我们这群从各个学校走出来的、多学科教师尝试着走下讲台，走上舞台，去演绎属于我们自己的故事。

从未想到，自己也能走上真正的舞台。排练过程中，才知道理论与实践的差距，原本都是身边的故事，却仿佛离自己那么远；原本生活化的语言台词，背起来却是那么的费时耗力；舞台上的一颦一笑都有严格的要求，步幅的大小、快慢将会决定整场戏的节奏……就这样，导演陪着我们一点点纠正，一遍遍重来，有的时候我都感觉自己太差劲了，即将要放弃的时候，是导演的"调整""再来一次"给了我坚持下去的勇气，我切身感受着戏剧人的严谨与韧性。

在伙伴们一遍遍的磨合下，进度变得顺畅，调度开始清晰，台词已经固化成了自己的语言，这个时候，我已经不是我自己，已经是戏中的"王雯熠老师"，那段时间，甚至在生活中都觉得自己是王老师，时刻保持着王老师的气质，把自己，活成她的样子，这种感觉，在谢幕之后也延续了很久……

舞台上的聚光灯终会熄灭，但内心火一样的热爱却越燃越旺，小心翼翼收起《静待花开》的剧照，有了实践之后，对今后的戏剧教育更是充满了信心，也有了更多自己的想法需要去实践。

回想五年前，我只想做一名平凡的语文教师，站在三尺讲台上教文化；

剧中饰演角色的彭楠收获多多

五年后的今天,我仍然是一名教师,但我的课堂不会再是古板的一撇一捺,它有了新的生命,遇见戏剧,成为更好的自己,平凡的我也会带给我的孩子不平凡的美好,让戏剧,成为孩子们路上的又一盏灯。